职业教育汽车类示范专业系列教材

汽车运行材料

主　编　范海燕
副主编　胡　霞
参　编　章国勇　曾　丹　王　侠
主　审　王锦俞

机 械 工 业 出 版 社

本书系统地进述了汽车运行材料的主要使用性能、规格、牌号及其合理使用，以及汽车运行材料技术的新发展和最新市场产品，国家与行业的新标准。全书内容包括：汽车燃料（石油、汽油、柴油等）、汽车润滑材料（润滑油、润滑脂、齿轮油等）、汽车其他工作液（制动液、防冻液、制冷剂等）和汽车轮胎。

本书为中等职业学校汽车运用与维修专业的教材，也可作为高等职业学校汽车检测与维修专业教材，还可作为汽车职业高中及中高级技术工人岗位培训教材，亦可供汽车驾驶员、汽车维修工及汽车服务管理人员查阅参考。

图书在版编目（CIP）数据

汽车运行材料/范海燕主编. —北京：机械工业出版社，2009.6（2023.8重印）

职业教育汽车类示范专业系列教材

ISBN 978-7-111-27223-6

Ⅰ. 汽…　Ⅱ. 范…　Ⅲ. 汽车-运行材料-职业教育-教材　Ⅳ. U473

中国版本图书馆CIP数据核字（2009）第080760号

机械工业出版社（北京市百万庄大街22号　邮政编码100037）

策划编辑：宋学敏　责任编辑：宋学敏　齐志刚　责任校对：张玉琴

封面设计：马精明　责任印制：单爱军

北京虎彩文化传播有限公司印刷

2023年8月第1版第15次印刷

184mm×260mm · 7.25印张 · 173千字

标准书号：ISBN 978-7-111-27223-6

定价：25.00元

电话服务　　　　　　　　　　网络服务

客服电话：010-88361066　　机　工　官　网：www.cmpbook.com

010-88379833　　机　工　官　博：weibo.com/cmp1952

010-68326294　　金　书　网：www.golden-book.com

封底无防伪标均为盗版　　机工教育服务网：www.cmpedu.com

前　言

随着汽车工业的迅猛发展，在汽车领域应用的新工程材料与运行材料也随之发生了变化。本书是为了进一步贯彻《国务院关于大力推进职业教育改革与发展的决定》的文件精神，加强职业教育教材建设，满足职业院校深化教学改革对教材建设的要求而编写的。

本书作为“汽车运用与维修专业”方向的规划教材，在安排章节和编写中坚持以“实用、够用、会用”为原则，选择在国内生产和销售最多的中、高档汽车的实际汽车运行材料系统，依据本专业领域实际工作所需求的基本专门化能力和技能，保证基础，加强应用。在内容上遵循“新、通、准、浅”的原则（“新”是体现新车型、新知识、新技术、新工艺、新方法；“通”是适用车型面广，通用性强；“准”是体现内容的准确性；“浅”是点到为止，够用为度、通俗易懂），使培养的学生在学完后就能适应岗位的需求，直接为企业所用。书中图文并茂，方便汽车技术从业人员自学，突出了职业技术教育特色，使教学指导作用与汽车业的维修运用结合起来，更好地发挥教学指导的作用。

本书共分四大模块，模块1由曾丹编写，模块2由范海燕编写，模块3由章国勇编写，模块4由王侠编写。全书由范海燕主编并统稿，由王锦俞主审。

在编写过程中，得到了江西省汽车维修行业协会给予的大力帮助并提供了许多资料，同时也借鉴和参考了国内外大量资料，在此致以诚挚谢意。

由于时间仓促和编者水平所限，书中难免有不当之处，恳请读者批评指正。

编　者

目　录

模块1　汽车燃料

【学习目标】

- 了解石油的组成和各种成分的基本性能。
- 了解石油的炼制方法。
- 了解汽油主要使用性能及评定指标。
- 了解汽油的规格与正确选用。
- 了解轻柴油的规格与正确选用。
- 了解国内柴油的质量及发展趋势。
- 了解汽车用各种新能源的运用和发展前景。

【课堂互动】

汽车的动力是靠什么方式获得的？

1.1　石油

【本节目标】

- 了解石油的组成、各种成分的基本性能。
- 了解石油的炼制方法。

【基本理论知识】

1.1.1　石油的基本组成和性质

石油又称原油，是从地下深处开采的棕黑色可燃的粘稠液体，一般是暗褐色或绿色，有时发出荧光。石油实质是不同烃类的混合物，能从中提取出汽油、煤油、柴油、润滑油、石蜡、沥青等。

柴油是从哪里来的？

汽油是从哪里来的？

石油的化学成分比较复杂，属有机物，主要由碳、氢两元素组成的化合物——烃的混合物组成。其中碳的质量分数约占83%～87%；氢的质量分数约占11%～14%。除碳、氢以外还含有少量的硫（S）、氧（O）、氮（N）等元素。通常硫、氧、氮是石油中的不良成分。石油中的烃类（即碳氢化合物）按其结构形式不同，可分为烷烃、环烷烃、芳香烃和烯烃等。

1. 烷烃

烷烃是石油的主要成分，其分子中的氢原子数是碳原子数的2倍加上2，因此，它的分子通式是C_nH_{2n+2}。

烷烃按碳原子的结构不同可分为正构烷烃和异构烷烃。正构烷烃由于其碳原子呈直链状排列，所以易被破坏，且易于自燃，相对分子质量越大，这一特性越明显。因此，正构烷烃是压燃式发动机用燃料（柴油）的良好成分，

【课堂互动】

饱和烃有什么特点?

什么是抗爆性?

不饱和烃有什么特点?

汽油、煤油和柴油的基础油是通过什么方法得到的?

但过多正构烷烃的存在会使燃料的凝固点上升，低温流动性、雾化性变差。异构烷烃则相反，因其有支链存在，碳主链不易被破坏且挥发性好，抗爆性强，是点燃式发动机用燃料（汽油）的良好成分。烷烃在室温时的存在状态与碳原子的个数有关，一般碳原子数为1~4个是气体，5~16个是液体，16个以上是固体。由于烷烃属饱和烃，因此其性质稳定，不易氧化生胶，发热量大。含正构烷烃多时，自燃点低，是柴油的良好成分；含异构烷烃多时，抗爆性好，是汽油的良好成分。对于润滑油，烷烃多时，还能改善其粘温性能。

2. 环烷烃

环烷烃的分子通式是 C_nH_{2n}，是一类碳原子呈环状结构的饱和烃。石油中的环烷烃以6个碳原子为最多，5个和7个次之。其性质与烷烃相似，相对密度比烷烃略大，热值略小，凝点低，润滑性好，有较高的稳定性，不易氧化变质，辛烷值较高，是汽油、煤油和润滑油的良好成分。

3. 芳香烃

芳香烃的分子通式有 C_nH_{2n-6}、C_nH_{2n-12}、C_nH_{2n-18} 等。它是一种碳原子呈环状结合、单双键交替的不饱和烃。其安定性比烷烃和环烷烃差，较易和其他物质反应生成胶质，吸水性强，对橡胶有一定的腐蚀性，不易着火，辛烷值高，具有良好的抗爆性，是汽油的良好成分。芳香烃在柴油中会使燃烧性能变坏，是其不良成分。

4. 烯烃

烯烃为不饱和烃，其分子通式是 C_nH_{2n}、C_nH_{2n-2} 等。这类烃的结构和烷烃相似，但由于氢原子少，碳原子间除形成单键外，还形成一些双键和三键，因此称为不饱和烃。在一定的外界条件下，这些不饱和的双键和三键会氧化生成胶质，其化学性质较活泼，安定性差，易氧化变质；同时，小分子烃易结合成大分子烃，使油品质量变坏，酸性物、胶状物增多。不饱和类烃在原油中含量极少，主要是在裂化加工过程中，一些烷烃、环烷烃分解而生成的，可通过精制使其转化为饱和烃。低分子的不饱和烃是很重要的化工原料。

此外，石油中还含有少量的氧化物、硫化物、氮化物和胶状物等。这些都是油料中的不良成分，在石油产品的精制中要设法除去。

1.1.2 石油产品的提炼及生产方法简介

原油必须经过提炼才能成为可以使用的、符合质量要求的各种石油产品。不同的炼制方法所得到的产品性质是有差别的。

1. 常压蒸馏

常压蒸馏又叫直馏，是制取轻质燃料的基本方法。它是根据原油中各种烃分子沸点的不同，在常压下利用加热、蒸发、冷凝等步骤，直接将原油分馏为汽油、煤油、柴油及重油的方法。

这些产品称为直馏产品。它们主要由烷烃和环烷烃组成，不含不饱和烃。

因此，直馏产品性质稳定，不易氧化变质。图1-1表示常压与减压蒸馏流程图。

2. 热裂化

热裂化的原理是利用高温、高压，使大分子烃受热分解裂化成小分子烃。由此而得到的热裂化产品的特点是：燃料的抗爆性比直馏的好，但产品中含不饱和烃较多，所以安定性差，易氧化变质，不能长时期储存。这种方法现已淘汰。

3. 催化裂化

催化裂化是在催化剂的作用下，使烃分子进行热裂化的方法。由于有催化剂的作用，使大分子烃易变成小分子烃，且能改变分子结构，使不饱和烃大大减少，异构物、芳香烃增加。因此，其产品的性能稳定，燃烧性好。

4. 加氢裂化

这是现代石油炼制工艺上常采用的一种方法。能将各种不同的原油，在高温、高压、有氢气和催化剂的作用下，进行加氢反应。它能除去原油中的不良成分，并能使不饱和烃饱和，大分子烃转化为小分子烃，从而得到高质量的油品，如高辛烷值、低冰点、低凝点、良好的粘温性等，而且产量高。

5. 减压蒸馏

减压蒸馏是以常压蒸馏剩余的重油为原料，将重油通过蒸馏成不同粘度的润滑油馏分，是炼制润滑油的重要方法。它是根据减少蒸馏塔内的压力来降低油料沸点的原理进行提炼的（图1-1），可防止常压下因油料沸点高而裂化成轻质油料，以致不能得到良好的润滑油的情况。

【课堂互动】

为什么要进行减压蒸馏？

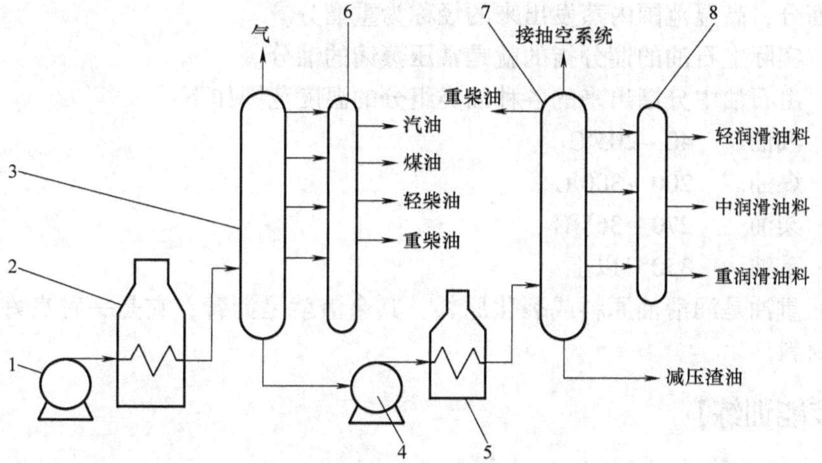

图1-1 常压与减压蒸馏流程图

1—原油泵 2、5—加热炉 3—常压蒸馏塔 4—渣油泵 6、8—汽提塔 7—减压蒸馏塔

6. 石油产品的精制

原油经过上述的提炼方法，可得到能使用的石油产品，但这些产品中有许多不良成分，会影响油料的使用性能。精制就是将这些不良成分去除的过程，常用的方法有以下几种。

（1）酸碱精制 用浓硫酸与油中的不良成分反应，生成酸渣，经沉淀后

【课堂互动】

润滑油的基础油是通过什么方法得到的？

石油产品精制的目的是什么？有哪些方法？

分离出来，最后用碱中和多余的酸。

一般可除去油中的硫、氧的化合物，不饱和烃，酸性物质，沥青胶质等。

(2) 溶剂精制　利用某些溶剂只能与油中的不良成分作用，而与其他成分又能分离的特点，来除去油品中的不良成分。常用的溶剂有糠醛、酚。

(3) 加氢精制　在一定的温度和压力下，利用氢和油中的不良成分发生化学反应，使不饱和烃变成饱和烃，以改善油品的质量。

(4) 脱蜡　石油产品中的蜡是指一些大分子的正构烷烃。蜡的存在会使油品的低温性能变坏，如凝点升高，粘温性能变差等。脱蜡就是将这些大分子烃分离出来的过程。脱蜡方法有冷榨脱蜡、溶剂脱蜡、分子筛脱蜡、微生物脱蜡、尿素脱蜡等。

(5) 白土精制　白土能吸附油中的不良成分，多作为酸碱精制和溶剂精制的补充，进一步提高油品的质量。

7. 添加剂

一些油品在精制后，为进一步提高质量和使用性能，往往需加入各种添加剂。现代汽车所用油料性能的提高，与油料添加剂的应用与改进有关，关于这一点将在以后的章节中加以叙述。

1.1.3　石油的馏分组成

由于各种烃的沸点不同，在石油的加热过程中烃被逐渐蒸发出来，这些在不同温度下被蒸发出来的烃就叫馏分。低温范围内蒸发出来的烃称为轻馏分，高温范围内蒸发出来的烃称为重馏分。

实际上石油的馏分指的就是常压蒸馏的馏分。

由石油中分馏出来的各种油类组分的温度范围如下：

汽油　40～205℃
煤油　200～300℃
柴油　270～365℃
重油　350℃以上

重油是润滑油原料或裂化原料，其余渣就是沥青，它是一种良好的铺路材料。

【技能训练】

让学生自由组合，以2～4人为一个小组，每组选择一个专题，搜集相关资料进行市场调查，撰写出专题报告，并在课堂上介绍报告内容、工作过程、工作方法以及工作中遇到的问题和解决方法等。

本节专题的内容建议：调查和研究我国石油和化工行业的发展方向。

【习题 1.1】

一、填空题

1. 石油是由___和___两元素组成的化合物——___的混合物，另外还含

【课堂互动】

有少量的___、___和___等元素。

2. 石油中的烃类按分子结构不同，可分为________、________、________和________等。

3. 石油的提炼方法有________、________、________、________以及________。

4. 石油常压蒸馏所得到的不同成分的馏分温度范围是：汽油________℃；煤油________℃；柴油________℃；重油________℃以上。

二、判断题（正确的打"√"，错误的打"×"）

1. 对于点燃式发动机来说，燃料中异构物多，燃烧平稳，发动机不易产生爆燃。（　　）

2. 燃料中饱和烃多，易氧化生成胶质。（　　）

1.2 汽油

【本节目标】

- 了解汽油主要使用性能及评定指标。
- 了解汽油的规格与正确选用。
- 了解国内汽油的质量及发展趋势。

【基本理论知识】

1.2.1 汽油的使用性能及评定指标

1. 汽油发动机对汽油的要求

汽油作为点燃式发动机的燃料，其使用性能的好坏对发动机工作的可靠性、经济性以及使用寿命都有很大的影响。汽油发动机对汽油的使用性能的要求如下：

1）有较好的蒸发性（汽化性）。

2）有良好的抗爆性。

3）有良好的物理和化学稳定性。

4）对发动机零件无腐蚀作用。

5）不含机械杂质和水，燃烧时形成积炭和结胶少。

2. 汽油的蒸发性

汽油的蒸发性又叫汽油的汽化性或挥发性，是指汽油由液体转化为气体的性能。由于在汽油发动机中，燃油要在极短暂的时间内，从主喷管被吸出、雾化、蒸发，这一过程的质量和速度决定着混合气的质量。因此要求汽油具有良好的蒸发性，以保证发动机在各种条件下易起动、加速和正常运转。如果蒸发性差，汽化不完全，难以形成足够浓度的混合气，不仅起动困难，而且混合气中未蒸发的悬浮油滴进入燃烧室，燃烧不完全，排气冒黑烟，

【课堂互动】

汽油的蒸发性不能过低也不能过高，这是为什么？

造成发动机工作不稳定，燃料消耗增加，经济性变差，功率下降。此外，这些油滴还会附着在气缸壁上，破坏润滑油膜，甚至窜入曲轴箱稀释机油，增加零件的磨损。所以蒸发性差的汽油不宜使用，特别是在冬季。但汽油的蒸发性也不宜太好，否则会使汽油在储存、运输、加注过程中损耗增加，特别是在夏季还可能使发动机供油系统产生“气阻”现象。

所谓“气阻”是指在夏季高原地区，汽油在进入化油器之前就蒸发成气体，在油泵、油管、弯角或较热部位形成气泡，这些气泡就像塞子一样堵住油路，造成供油中断，从而使发动机熄火的现象。因此，汽油的蒸发性要适宜。在汽油牌号规格中，评定蒸发性的指标有两个，即馏程和蒸气压。

1）馏程。馏程是汽油重要的质量指标。根据汽油的馏分范围可衡量汽油蒸发性的好坏。当馏程测试时，在量筒回收到10mL、50mL、90mL馏出的冷凝液时的温度分别称为10%、50%、90%馏出温度，蒸馏完毕时的温度叫终馏点或干点。

从测得的馏程可看出该汽油轻质和重质成分的比例。由各馏出温度，还可判断油料在使用中对发动机工作的影响。以下对汽油的各馏出温度作一阐述。

10%馏出温度在什么范围比较适宜？为什么？

10%馏出温度：表示汽油中含轻馏分的多少，对冬季发动机冷起动的难易和夏季是否产生“气阻”有很大的影响。10%馏出温度低，表示汽油中含轻质馏分多，蒸发性好，能迅速形成合乎要求的混合气，发动机的低温起动性好，起动时间短，耗油量少。表1-1和表1-2表示汽油10%馏出温度与起动温度、起动时间、耗油量的关系。由表不难看出，10%馏出温度低，发动机易起动。但10%馏出温度不易过低，否则在夏天或高原地区易产生气阻。通常10%馏出温度在60～65℃为宜。

表1-1　汽油10%馏出温度与起动温度的关系　（单位：℃）

汽油机的最低起动温度	-21	-17	-13	-9	-6	-2
可直接起动的最高10%馏出温度	54	60	66	71	77	82

表1-2　汽油10%馏出温度与起动时间、耗油量的关系

试验用汽油的10%馏出温度/℃	0℃时试验		-6℃时试验	
	起动时间/s	起动时耗油量/mL	起动时间/s	起动时耗油量/mL
79	10.5	10	45	48
72	9.4	8.7	29	30

50%馏出温度：表示汽油的平均蒸发性，对发动机的热起速度和时间、加速性及工作稳定性有很大影响。根据车辆的使用要求，发动机在起动后，水温需达到50℃左右车辆方可起步，否则会加剧发动机的磨损。汽油50%

馏出温度低，表示汽油的平均蒸发性好，易蒸发成气体参加燃烧，从而使单位时间里产生的热量多，发动机热起时间就短，表1-3所示为50%馏出温度与预热时间的关系。另外，50%馏出温度低，发动机的加速性和工作稳定性好；反之，当要迅速提高发动机转速时，供油量急剧增加，但汽油来不及充分汽化，造成燃烧不完全甚至不能燃烧，从而使发动机功率下降，加速性变差或上坡无力，油耗增加。

【课堂互动】

50%馏出温度对发动机工作有什么影响？

表1-3 汽油50%馏出温度与发动机预热时间的关系

汽油50%馏出温度/℃	104	127	148
起动后到正常温度时间/min	10	15	28以上

90%馏出温度和干点：汽油中含重馏分含量的多少，与汽油能否完全燃烧及发动机磨损有关系。90%馏出温度和干点高，汽油燃烧不完全，排气冒黑烟，耗油量增加，而且没有燃烧的重质汽油吸附在气缸壁上，破坏润滑油膜，从而加剧气缸、活塞的磨损。同时，未燃汽油稀释机油，使其粘度下降，性能变坏，且未燃汽油易窜入燃烧室，增加润滑油的消耗，使机油的使用周期缩短。另外，90%馏出温度和干点高，易使发动机形成积炭和结胶，造成燃烧不正常，同样使发动机的磨损增加。表1-4反映了汽油干点与油耗、活塞磨损的关系。

90%馏出温度和干点对发动机工作有什么影响？

表1-4 汽油干点与油耗、活塞磨损的关系

汽油的干点/℃	175	200	225	250
活塞磨损(%)	97	100	200	500
汽油消耗量(%)	98	100	107	140

2）蒸气压。蒸气压又称饱和蒸气压，是表示汽油蒸发性的指标之一，也是表示汽油物理稳定性的指标。蒸气压主要用来判断该汽油产生“气阻”现象的倾向。汽油的蒸气压高，说明油中含轻质成分多，蒸发性好，但使用中易产生气阻，损耗也大。国家标准中规定蒸气压不得大于67kPa。汽油的蒸气压的大小还和大气温度及气压有关。温度高，大气压低，则蒸气压高。因此汽车在高温季节或高原地区行驶时，应采取降温措施，防止“气阻”的产生。如加强发动机的通风，油泵、油管的隔热降温，减少输油管的弯角等。

饱和蒸气压表示了汽油什么性能？是越大越好吗？

3. 汽油的抗爆性

（1）汽油发动机内的燃烧过程　四冲程汽油发动机在活塞压缩行程终了时，利用火花塞点火，点燃气缸中被压缩的可燃混合气，形成一个火焰中心，向四周传播，从而产生热量，使气缸内的混合气压力升高，推动活塞做功。因此燃烧过程的好坏将直接影响到发动机的工作性能，只有完全、及时、正常的燃烧，才能保证发动机稳定、可靠地工作。

电火花点燃均匀的可燃混合气，形成火焰中心，并且火焰从此中心按一定的速率（一般为20～60m/s）连续地传播到整个燃烧室空间，在此期间火

【课堂互动】
用图形说明汽油发动机的燃烧的三个过程。

焰传播速率、火焰前锋形状均没有急剧的变化，称之为正常燃烧。

汽油机发动机内气体正常燃烧分三个阶段，如图1-2所示。

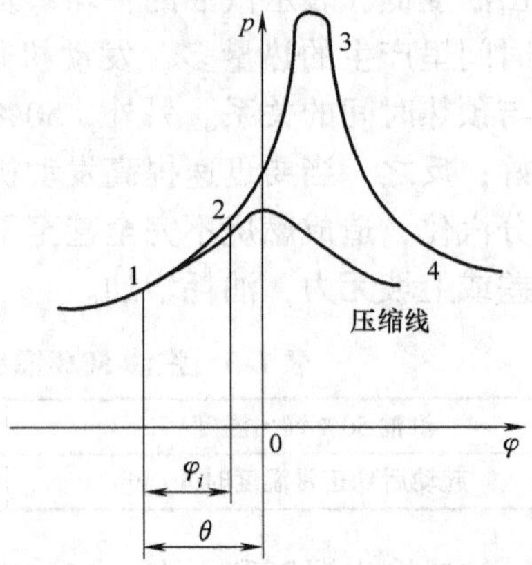

图1-2 汽油机发动机内气缸压力与曲轴转角变化（p-φ）关系
φ——着火延迟角 θ——点火提前角

第一阶段：着火延迟期（线段1~2）

曲轴转角在1点以前，发动机气缸处于压缩行程，缸内压力升高不大。在1点火花塞点火，点燃缸内的可燃混合气，形成火焰中心，到2点为止为着火延迟期。

第二阶段：火焰传播期（线段2~3）

曲轴转角到2点时，火焰中心开始以一定的速率（20~60m/s）迅速地传遍整个燃烧室，绝大部分混合气（80%以上）也在此时期内完成燃烧并放出大量热量，缸内压力、温度迅速升高，压力曲线脱离压缩线开始急骤增高。在汽油发动机中，火焰传播速率是一个重要参数，它直接影响燃烧的效率，从而影响发动机的功率、效率和使用寿命。

第三阶段：补燃期（线段3~4）

曲轴转角在3点过后，燃烧速度下降，气缸内活塞下行，使缸内压力下降，在3点过后的燃烧主要为没有燃烧掉和粘附在缸壁上的混合气继续燃烧。到达4点后，混合气基本燃烧完。

总之，为了保证汽油发动机工作柔和，动力性好，一般应使2点处在0点（曲轴上止点）前12°~15°。3点处于0点后12°~15°。

（2）汽油发动机的爆燃　汽油发动机的不正常燃烧主要是爆燃。

爆燃对发动机有哪些危害？如何避免？

所谓爆燃是指发动机工作时，火花塞点火以后，形成一个火焰中心，并向四周传播，当处在燃烧末端的混合气因压缩及火焰的热辐射作用在火焰前锋尚未到达之前自行分解燃烧，形成新的火焰中心，从而使气缸内压力骤然上升，火焰传播速度急剧增加至1500~2500m/s，产生强烈的冲击波的现象。爆燃时，气缸壁上发出金属敲击声，俗称敲缸。这种声音如果持续较长时间，会引起发动机的功率下降，冲击载荷和摩擦增大，热负荷、使用寿命下降，排气冒烟，经济性变差，机件损坏等。所以，克服爆燃现象是汽油机的重要议题之一。

影响发动机爆燃的因素很多，如发动机结构、驾驶操作、气候、运行条件、火花塞位置、点火时刻、转速和负荷、汽油质量等。但当发动机压缩比确定以后，所选用燃料的品质对爆燃的发生及其强度具有决定性的影响。

（3）汽油的抗爆性　抗爆性是指汽油在燃烧室内燃烧时，抵抗爆燃的能力。抗爆性好的汽油，不易产生爆燃，从而可采用高压缩比的发动机，以提高发动机的热效率。评定汽油抗爆性能的指标是辛烷值。汽油的牌号也是根据辛烷值来确定的。所谓辛烷值是指异辛烷在标准混合试液中所占体积的百分数。纯异辛烷抗爆性很好，取其辛烷值为100，而纯正庚烷的抗爆性很差，其辛烷值规定为0。这两种烃按不同体积比例掺合，得到辛烷值从0到100的标准燃料。实际使用的汽油辛烷值，是采用与其抗爆性能相同的标准试液的辛烷值来表示。如70号汽油的辛烷值为70，即表示它的抗爆性与含70%异辛烷的标准试液相同。辛烷值越高，燃料的抗爆性越好。辛烷值的测定有马达法和研究法两种，通常研究法比马达法测定的辛烷值高8个单位左右，一些进口车辆在选用汽油时需注意弄清楚是用哪一种方法表示的辛烷值，以便正确选择汽油牌号。

【课堂互动】

汽油的抗爆性用什么指标表示？

汽油牌号的数值表示什么意思？

影响汽油发动机燃烧的主要因素是发动机的压缩比和所选用燃料的品质。对现代发动机来说，要求体积小、功率大、经济性好、工作可靠。要达到这些要求，最有效的方法是提高发动机的压缩比。但压缩比的提高，受发动机不正常燃烧因素的限制，为此需采用抗爆性好的汽油，即所用的汽油的辛烷值要高，以保证发动机正常工作。目前，提高汽油辛烷值的方法有两种：一种是改善炼制工艺，使汽油中的异构物、芳香烃等物质增多，正构物及胶质减少，从而生产出高辛烷值的汽油；另一种是在低辛烷值的汽油中加入抗爆剂，以提高汽油的辛烷值。常用的抗爆剂是乙基液，它是四乙基铅和导出剂的混合物。四乙基铅能大大提高汽油的辛烷值，但随着其含量的增加，提高辛烷值的效率下降。

能使汽油辛烷值提高的方法有哪些？

乙基液是一种不稳定的物质，在温度、阳光、空气和水作用下，会分解或氧化，生成白色沉淀，造成油路堵塞并降低汽油的抗爆性，因此使用时需注意保存。乙基液还是一种剧毒物，为便于区分，通常在有乙基液的汽油中加入少量的颜料加以识别。汽车驾驶、维修人员不可用这些汽油清洗零件。乙基液储存时要避免阳光的照射和水分的侵入。四乙基铅虽然能较大地提高汽油的辛烷值，但是由于有毒，燃烧后污染大气，因此其使用量有严格的限制，随着石油炼制工艺的改进，乙基液作为抗爆剂已被取消。

4. 汽油的安定性（稳定性）

汽油的安定性是表示汽油在储存、使用过程中氧化生胶的倾向。安定性差的汽油，常会出现变色，粘稠沉淀，油路堵塞，供油中断，阻滞气门使其关闭不严，发动机功率下降，高温下分解并生成积炭，燃烧不良和磨损加剧。此外，安定性差的汽油，还会使辛烷值下降，酸度增加。因此汽油的安定性必须符合国家标准。

汽油的安定性差对发动机的工作有什么影响？用什么指标表示？

评定汽油安定性的指标有两个：实际胶质和诱导期（感应期）。实际胶质是用25mL汽油在规定的仪器中和150℃温度下，以一定流量的空气吹干后得到不能蒸发的胶状物，以mg/100mL表示。实际胶质大的汽油，应尽快使用，不宜长期储存。

【课堂互动】

诱导期是汽油在压力为709kPa，温度为100℃的氧气中未被氧化所经过的时间。诱导期长，汽油不易氧化，安定性好，储存时间长。车用汽油诱导期一般规定不小于240min，一些高级汽油不小于480min。

5. 汽油的腐蚀性及其指标

汽油中混有哪些成分时，会使汽油有腐蚀性？

汽油中所含的硫和硫化物、有机酸以及水溶性酸或碱将对发动机零件起腐蚀作用，而各种烃类无腐蚀性。控制汽油腐蚀性的指标有：

（1）硫分　表示汽油中含硫量的总和，用质量分数表示。硫在燃烧后会生成二氧化硫，遇到水气或冷凝水时形成亚硫酸，强烈腐蚀零件。同时，硫分过多会使辛烷值下降，抗爆添加剂的接受性变差，所以汽油规格中规定硫分不大于0.15%，可用铜片腐蚀试验来检查汽油中的硫含量是否合格。

（2）酸度　表示汽油中有机酸的含量。汽油规格中要求酸度不大于3mgKOH/100mL。

（3）水溶性酸或碱　用以判断汽油中是否含有溶于水的酸或碱。由于水溶性酸或碱对机件有强烈的腐蚀作用，所以汽油中是不允许存在的。

汽油中混有机械杂质和水分有什么危害？

此外，汽油中还不允许有机械杂质和水分存在，因为它们对发动机的使用有很大危害。机械杂质会堵塞油路，增加磨损，使积炭增多；水分易结冰，且使汽油的辛烷值下降，安定性变坏。

1.2.2 汽油的牌号与正确选用及注意事项

根据用途、品质的不同，汽油一般分为航空汽油、车用汽油和工业汽油等类别。车用汽油是点燃式发动机的燃料。国产汽油的牌号是按照辛烷值的高低来划分的，如90号汽油，表示辛烷值不低于90；93号汽油表示辛烷值不低于93。常见的汽油牌号有90、93、97等。

压缩比 ε 等于气缸总容积除以燃烧室容积。

要选择合适的汽油牌号，才能使汽油的牌号与发动机的压缩比相匹配。若高压缩比的发动机选择低牌号的汽油，汽油发动机容易产生爆燃，发动机长时间爆燃，容易造成活塞烧结、活塞环断裂等故障，加速发动机部件的损坏。若低压缩比的发动机选用高牌号汽油，虽能避免发动机爆燃，但高牌号汽油配低压缩比的发动机会改变点火时间，造成气缸内积炭增加，长期使用会减少发动机的使用寿命。中国汽车工业学会和中国环境保护产业协会推荐国内外汽油轿车用油牌号见表1-5。

表1-5　国内外汽油轿车用油牌号推荐表

车　型	压缩比	推荐汽油牌号
一汽红旗明仕1.8	9.0	93
一汽红旗世纪星2.0/2.4	9.5	不低于93
一汽马自达2.3	10.6	93~97
一汽夏利7101/7131/2000	9.3~9.5	不低于93
一汽威姿1.0/1.3	10.0/9.3	不低于93

（续）

【课堂互动】

车　型	压缩比	推荐汽油牌号
一汽大众捷达普通/CI/CT/AT	8.5～9.0	93
一汽大众宝来1.6/1.8/1.8T	9.3～10.3	93～97
一汽大众高尔夫1.6/2.0	10.5	93～97
一汽大众奥迪A4/A6	10.0/10.5	93～97
上海大众桑塔纳普通/2000	9.0/9.5	不低于93
上海大众帕萨特1.8/1.8T	10.3/9.3	93～97
上海大众帕萨特2.0/2.8	10.3/10.1	93～97
上海大众POLO1.4/1.6	10.4/10.3	93～97
上海大众高尔1.6	9.5	不低于93
上海别克赛欧1.6	9.4	不低于93
上海别克君威2.0/2.5/3.0	9.5	不低于93
东风蓝鸟2.0/阳光2.0	9.5/9.8	不低于93
东风毕加索1.6/2.0	10.5	93～97
东风爱丽舍1.6/爱丽舍VTS1.6	9.6/10.5	93～97
东风塞纳2.0	10.8	93～97
东风千里马1.6	9.8	不低于93
神龙富康1.4/1.6	9.3/9.6	93
上海奇瑞1.6	9.5	不低于93
天津丰田威驰1.3/1.5	9.3/9.8	不低于93
北京吉普2500	8.5	93
现代索那塔2.0/2.7	10.1/10.0	93～97
长安福特嘉年华1.3/1.6	10.2/9.5	93～97
菲亚特西耶那1.3 16V/1.5	10.6/10.0	不低于93
菲亚特派力奥1.3 16V/1.5	10.6/10.0	不低于93
菲亚特周末风1.3 16V/1.5	10.6/10.0	不低于93
广州本田98款雅阁2.0/2.3/3.0	9.1/8.9/9.4	93
广州本田03款雅阁2.0/2.4/3.0	9.8/9.7/10.0	不低于93
广州本田奥德赛2.3	9.5	不低于93
吉利美日1.3/优利欧>1.3	9.3	93
长安铃木奥拓0.8/羚羊1.0/1.3	9.4/9.0/9.0	93
昌河铃木北斗星CH6350B	9.3	93
华晨中华2.0/2.4	9.5/9.5	不低于93
哈飞赛马1.3	9.5	不低于93
海南马自达普利马/323/福美来	9.1/9.3/9.1	不低于93
宝马3、5、7系列	10.8/10.8/10.5	97
大宇王子2.0/蓝龙1.5	8.8/9.5	93～97

【课堂互动】

（续）

车　　型	压缩比	推荐汽油牌号
本田思域 1.6/里程 3.5	9.4/9.6	93～97
日产风度 2.0/3.0	9.5/10	93～97
丰田雷克萨斯 IS200/GS300/LS430	10/10.5/10.5	97
丰田世纪/皇冠	8.6/10.0	93～97
丰田花冠 1.6/佳美 2.2GL/2.4	10.5/9.8	93～97
奔驰 E280/E320	10.0	97
沃尔沃 S40	9.3	不低于 93
福特 WINDSTAR V6/TAURUS V6	9.0/9.3	93～97
林肯大陆 V8/马克 V8	9.0/9.8	93～97
欧宝 1.8	10.5	97

车用汽油使用时需注意以下几项问题：

什么是无铅汽油？

1）当汽油由低牌号改用高牌号时，应把点火角适当提前；反之，改用低牌号时，应把点火角适当推迟，以免发动机产生爆燃。

2）汽车由平原地区驶入高原地区时，因高原地区空气稀薄，发动机的充气量下降，气缸压缩压力降低，此时发动机不易产生爆燃，应及时将点火角提前，或换用低牌号的汽油。反之，汽车从高原驶入平原，也应及时将点火角推迟或换用高牌号的汽油。

3）夏季高温或高原地区，为了防止发动机产生气阻，应加强发动机的散热，采取隔热降温措施，增强油泵泵油压力或装用晶体管油泵。

4）维修发动机时，要彻底清除进排气门、导管、燃烧室中各零件的积炭、胶质和脏物，以减少发动机的爆燃，保证其良好的工作状态。

5）桶装汽油要留出 7% 的空间，放置在阴凉处，避免日光照射，不能用塑料桶装。

6）不同牌号的汽油不能混放，以防其质量下降。

1.2.3 国内车用汽油的质量及发展趋势简介

过去，我国车用汽油标准有三个，它们是 SH 0112—1992《汽油》、GB 484—1993《车用汽油》和 SH 0041—1993《无铅车用汽油》标准。其中 SH 0112—1992 是 70 号含铅车用汽油标准，GB 484—1993 是 90 号及其以上含铅车用汽油标准。根据国务院国办发（1998）129 号文件的要求，我国于 2000 年 1 月 1 日起在全国范围内停止生产含铅汽油，2000 年 7 月 1 日起在全国范围内停止销售和使用车用含铅汽油。至此，SH 0112—1992 和 GB 484—1993 两个标准废止，同时在行业标准 SH 0041—1993 的基础上，制订了新的无铅汽油国家标准 GB 17930—1999《车用无铅汽油》。2006 年，考虑到要实施严格的机动车排放法规要求，在原有的基础上进行了修订，最新标准为 GB 17930—2006《车用汽油》。

【课堂互动】

在现行的排放标准中，对试验用燃料规定了基准燃料的技术要求。所谓基准燃料，是用精炼成分配制而成。

随着汽车工业的加速发展，对车用燃料也提出了越来越高的要求。2005年北京市开始执行欧Ⅲ排放标准。欧Ⅲ标准的概念是烯烃含量要从35%降到18%，硫含量要从800ppm降到150ppm。到欧Ⅳ排放标准的时候，汽油中的硫含量降到50ppm，芳烃含量要从42%降到35%。从世界燃料清洁化的时间进度来看，我国现在和发达国家的标准相差了8年的时间。这也就意味着，我国要用更短的时间去走完欧美国家用8年时间完成的汽油清洁化之路。我国汽油的构成与国外不同，其中催化裂化汽油占了80%，因此，国外现成技术不能完全解决我国的问题。中国的燃料清洁化之路，只能靠我们自己来探索，要通过开发适用于我国炼油厂的清洁燃料生产技术，来实现质量升级，任务十分艰巨。近几年，我国开发了催化裂化技术、加氢技术、重整新技术和其他增高辛烷值组分的一系列技术。目前，满足欧Ⅲ的技术基本上已经准备就绪，进入工业试验阶段，将陆续投入实施。现在正重点开发的是能够解决欧Ⅳ排放标准所需要的技术。经过改革开放30多年的发展，我国高辛烷值汽油的产量和质量都有了很大的提高，但与国外相比差距还很大，需要炼油行业加速前进，跟上国内汽车行业迅猛发展的步伐。

【技能训练】

让学生自由组合2~4人为一个小组，每组选择一个专题，搜集相关资料进行市场调查，撰写出专题报告，并在课堂上介绍报告内容、工作过程、工作方法以及工作中遇到的问题和解决方法等。

本节专题的内容建议：汽油的使用性能及评价指标，牌号选择及使用中的注意事项，市场调查与分析，价格波动等。

【习题1.2】

一、名词解释

1. 汽油的蒸发性
2. 气阻
3. 汽油的抗爆性
4. 诱导期

二、填空题

1. 评定汽油蒸发性能的指标有________和________两个。
2. 汽油机做功行程的燃烧过程可分为______、________和______三阶段。
3. 提高汽油辛烷值的方法有__________和__________，测定汽油辛烷值的方法有______和______。
4. 国产汽油牌号有____、____和____。

三、选择题

1. 评定汽油抗爆性能的指标是____。

【课堂互动】

A. 十六烷值 B. 辛烷值 C. 压缩比

2. 提高汽油辛烷值的方法是____。

A. 加降凝剂 B. 脱蜡 C. 加乙基液 D. 改善炼制工艺

3. 汽油的牌号是依据____来确定的。

A. 实际胶质 B. 馏程 C. 压缩比 D. 辛烷值

4. 选用汽油是根据____来确定的。

A. 发动机压缩比的大小 B. 辛烷值 C. 蒸气压

四、判断题（正确的打“√”，错误的打“×”）

1. 对于点燃式发动机来说，燃料中异构物多，燃烧平稳，发动机不易产生爆燃。（ ）

2. 燃料中饱和类烃多，易氧化生胶。（ ）

3. 汽油的50%馏出温度是表示汽油的平均蒸发性，它和发动机气阻及燃烧的完全程度有很大的关系。（ ）

4. 汽油中的乙基液越多，其辛烷值越高。（ ）

5. 原用高牌号汽油的发动机，改用低牌号汽油时，应把点火角度适当提前。（ ）

6. 罐装燃料时，在加注开始和接近装满时，应减小加注速度。（ ）

7. 严禁穿带铁钉的鞋进入油库，以防产生噪声。（ ）

五、问答题

1. 什么是汽油机的爆燃？影响因素有哪些？

2. 汽油机对汽油的使用性能有什么要求？

3. 如何正确选用汽油牌号？

1.3 柴油

【本节目标】

- 了解轻柴油的规格与正确选用。
- 了解国内柴油的质量及发展趋势。

【基本理论知识】

柴油的牌号是依据什么划分的？

柴油是应用于压燃式发动机（即柴油发动机）的主要燃料。柴油的外观为水白色、浅黄色或棕褐色的液体。柴油又分为轻柴油与重柴油两种。轻柴油是用于1000r/min以上的高速柴油机中的燃料，重柴油是用于1000r/min以下的中低速柴油机中的燃料。一般加油站所销售的柴油均为轻柴油。轻柴油产品目前执行的标准为GB 252—2000《轻柴油》标准，该标准中柴油的牌号分为10号、5号、0号、-10号、-20号、-35号、-50号，柴油的牌号划分依据是柴油的凝固点。2003年5月23日发布了GB/T 19147—2003《车用柴油》标准，该标准为推荐性标准并于2003年

10月1日实施。

【课堂互动】

1.3.1　柴油的主要使用性能及评定指标

由于柴油机与汽油机的工作过程有本质的区别，因此对燃料的质量要求也与汽油有所不同。柴油发动机对轻柴油的要求有良好的燃烧性、低温流动性、安定性、抗腐蚀性和适当的蒸发性、粘度。

对柴油使用性能的要求与汽油相同吗？

1. 柴油机的燃烧过程

柴油的燃烧是怎样进行的？为什么会出现工作粗暴？

柴油机可燃混合气的形成和燃烧都是直接在燃烧室内进行的。当活塞接近压缩上止点时，柴油喷入气缸，与高压高温的空气接触、混合，经过一系列的物理、化学变化才开始燃烧。其混合气的形成和燃烧是一个非常复杂的物理化学变化过程，其主要特点是：混合与燃烧的时间很短0.0017～0.004s；柴油粘度大，不易挥发，必须以雾状喷入；可燃混合气的形成和燃烧过程是同时且连续而重叠地进行，即边喷射，边混合，边燃烧。

柴油机可燃混合气的形成与燃烧大体分四个时期（图1-3）。

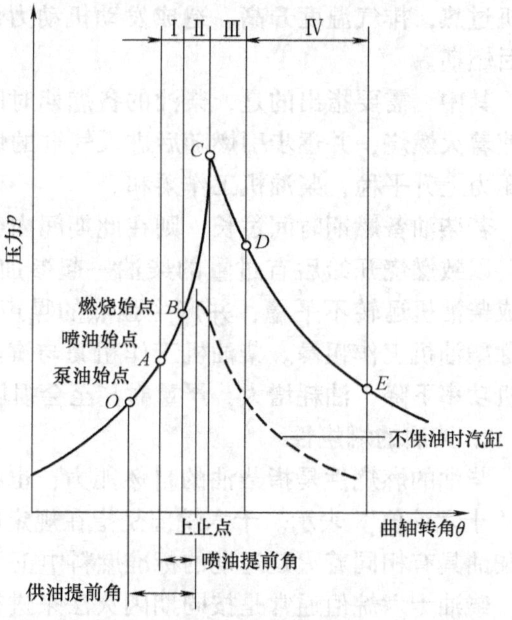

图1-3　柴油发动机气缸压力与曲轴转角的关系
Ⅰ—备燃期　Ⅱ—速燃期　Ⅲ—缓燃期　Ⅳ—后燃期

（1）备燃期 $A \sim B$　从喷油开始→开始燃烧。

喷入气缸中的雾状柴油并不能马上燃烧，气缸中的气体温度，虽然已高于柴油的自燃点，但柴油的温度不能马上升高到自燃点，要经过一段物理和化学的准备过程。也就是说，柴油在高温空气的影响下，吸收热量，温度升高，逐层蒸发而形成油气，向四周扩散并与空气均匀混合（物理变化）。

随着柴油温度升高，少量的柴油分子首先分解，并与空气中的氧分子进行化学反应，具备着火条件而着火，形成了火焰中心，为燃烧做好了准备。这一时期很短，一般仅为0.0007～0.003s，但对柴油机的燃烧过程影响很大。

（2）速燃期 $B \sim C$　从燃烧开始→气缸内出现 p_{max}。

火焰中心已经形成，为混合气的迅速燃烧做好了准备。在这一阶段由于喷入的柴油几乎同时燃烧，而且是在活塞的近上止点，气缸工作容积很小的情况下进行燃烧的，因此，气缸内的压力 p 迅速增加，温度升高很快。

（3）缓燃期 $C \sim D$　从出现 p_{max}→出现 T_{max}。

【课堂互动】

这一阶段喷油器继续喷油，由于燃烧室内的温度和压力都高，柴油的物理和化学准备时间很短，几乎是边喷射边燃烧。但因为气缸中氧气减少，废气增多，燃烧速度逐渐减慢，气缸容积增大，所以气缸内压力略有下降，温度达到最高值，此时通常喷油器已结束喷油。

(4) 后燃期 $D \sim E$ 缓燃期以后的燃烧。

这一时期喷油器虽然不喷油，但仍有一少部分柴油没有燃烧完，随着活塞下行继续燃烧。后燃期没有明显的界限。后燃期放出的热量也不能用来作功，很大一部分热量将通过缸壁散至冷却水中，或随废气排出，使发动机过热，排气温度升高，造成发动机动力性下降。因此，要尽可能地缩短后燃期。

其中，需要指出的是，柴油的备燃期时间短，先期喷入气缸的柴油能迅速着火燃烧，并逐步引燃随后进入气缸的燃料。正常燃烧的情况下，气缸压力上升平稳，柴油机工作柔和。

柴油机工作粗暴与汽油机爆燃有什么异同？

若柴油备燃期时间过长，则在此期间内会使喷入气缸的柴油积存量过多，以致燃烧开始后有过量的柴油一起参加燃烧，使气缸压力升高过快，造成柴油机运转不平稳，并产生强烈的噪声，这种现象即为不正常燃烧，又称柴油机工作粗暴。柴油机工作粗暴与汽油机爆燃的后果一样，会使发动机功率下降，油耗增大，严重时甚至会损坏机件。

2. 柴油的燃烧性

柴油的燃烧性是指柴油的自燃能力，也称抗工作粗暴性，其评定指标用“十六烷值”表示。十六烷值是指在规定的对比测试条件下，采用和被测柴油具有相同着火延迟期的标准燃料中正十六烷所占的体积百分数表示。

柴油的十六烷值是越高越好吗？为什么？

柴油十六烷值通常是按同期闪火法来进行测定，其方法与汽油辛烷值测定相似，过程大致如下：取正十六烷和一甲基萘作为标准液。正十六烷自燃点低，抗粗暴性好，定其十六烷值为100单位；一甲基萘自燃点高，抗粗暴性差，定其十六烷值为0单位。把这两种标准液按不同体积比混合，可得到各种不同抗粗暴性的标准混合液（标准燃料）。然后，按一定的规范作对比试验。当被测柴油和某一比例的标准燃料在同一条件下同期闪火，这一标准燃料中正十六烷所占的体积百分数即为被测柴油的十六烷值。

柴油的十六烷值高，其自燃点低，着火延迟期短，燃烧平稳，柴油机工作柔和，且低温起动性好。但柴油十六烷值不是越高越好，过高会使柴油的凝点升高，蒸发性变差，以致不能完全燃烧，使发动机功率下降和油耗增加。而柴油的十六烷值过低，则会使着火延迟期增长，容易出现工作粗暴和低温起动困难等现象。因此，柴油十六烷值应适宜，转速在1500r/min以上的柴油机，一般要求十六烷值为45~55为宜，中低速柴油机用的重柴油的十六烷值可低到35以下。

3. 低温流动性

柴油低温流动性是指柴油在低温下不致因凝固而失去流动能力的性能。低温流动性差的柴油，会因柴油中析出石蜡结晶或凝固使供油中断，影响柴油机的正常工作。因此，要求柴油具有良好的低温流动性。评定低温流动性的指标主要有凝点和冷滤点。

（1）凝点　凝点是指油料在规定条件下冷却至失去流动性时的最高温度，单位为℃。凝点是柴油的重要性能指标之一，它是判断柴油适宜在何种气温下使用的依据，我国轻柴油的牌号是按柴油的凝点划分的。柴油的凝点与其含蜡量有关，油中的蜡含量越高，其凝点也越高，低温时容易堵塞滤清器和输油管，使供油不畅，甚至中断供油。所以，为保证柴油机正常工作，选用时柴油的凝点应比其使用的最低温度低4～6℃。

（2）冷滤点　冷滤点是指在规定条件下，柴油试样开始不能通过滤网的最高温度，用℃表示。冷滤点表示柴油开始失去流动性时的温度，通常比其凝点高4～6℃。由于冷滤点与柴油的实际使用温度相同，故可用于判断柴油能够使用的最低温度。柴油冷滤点在国外一些国家是作为划分柴油牌号的依据。在我国柴油规格中，对冷滤点也有具体要求。为改善柴油的低温流动性，扩大柴油使用温度范围，除在炼制时采用脱蜡方法外，常采用掺入裂化煤油和添加低温流动性能改进剂等方法来降低其凝点。目前常用的低温流动性能改进剂为聚乙烯—醋酸乙烯酯，代号为T1804。

【课堂互动】

柴油的凝点是什么意思？有什么实际应用意义？

柴油的冷滤点是什么意思？有什么实际应用意义？

4. 蒸发性

柴油从喷油器喷出要经过蒸发、与空气混合，才能燃烧，由于其经历的时间很短，柴油的蒸发性就直接影响到燃料蒸发以及形成混合气的速度。因此，对柴油的蒸发性有较高的要求。评定柴油蒸发性的主要指标有馏程和闪点。

（1）馏程　柴油馏程的测定方法与汽油馏程的测定方法基本相同，但其馏出温度分别为50%、90%和95%。

50%馏出温度：表示柴油的平均蒸发性。该温度低，柴油中轻馏分多，蒸发性就好，有利于形成良好的混合气，使柴油机易于起动。但50%馏出温度也不宜过低，过低会因轻质馏分过多而易使柴油机产生工作粗暴现象。国标规定柴油50%馏出温度不高于300℃。

柴油的蒸发性用哪些指标表示？有什么实际应用意义？

90%和95%馏出温度：表示柴油重馏分的含量。其温度越低，柴油的重质馏分越少，燃烧越完全，可提高柴油机的动力性并降低油耗。反之，则重质馏分多，蒸发性差，会使燃烧不完全，造成发动机排气冒黑烟，功率下降，气缸磨损和油耗增加。

（2）闪点　闪点是指在规定试验条件下，加热油晶所产生的蒸气和周围空气形成的混合物与火焰接触时发出瞬间闪火的最低温度，用℃表示。闪点根据测定方法不同，分为开口闪点和闭口闪点。一般轻质油（主要指燃料油）多用闭口闪点，而重质油（主要指润滑油）多用开口闪点。

柴油的闪点既是控制柴油蒸发性的指标，也是保证柴油安全性的指标。柴油闪点低，蒸发性好，但过低时，会因蒸发太快，而产生工作粗暴。闪点还对柴油储运和使用的安全有影响，闪点低的柴油不仅会使蒸发损失加大，而且其产生的大量柴油蒸气也会造成失火隐患。因此，为控制柴油蒸发性不致过强，国标采用“不低于”指标加以控制。

【课堂互动】

柴油的粘度对发动机工作有什么影响？

柴油的腐蚀性用哪些指标表示？

影响柴油安定性的因素有哪些？

轻柴油的牌号有哪些？

5. 粘度

粘度是油品的主要性能指标。柴油的粘度是指20℃时的运动粘度。

柴油的粘度与柴油的雾化性能、燃烧性能和润滑性能有密切关系。柴油粘度大，其分子间作用力也大，这种作用力在柴油从喷油嘴喷出时有阻止油柱分散的作用，因此柴油喷出的油滴直径大，喷出的油流射程远，圆锥角小，使蒸发速度减慢，混合气形成不均匀，燃烧不完全，油耗增大；柴油粘度过小，虽然可使喷出的雾滴直径小，且容易扩散，但油流射程近，圆锥角大，有部分空气未被利用，同样会造成混合气形成不均匀。此外，柴油也是喷油泵和喷油器中精密偶件的润滑剂，粘度过小则不能形成良好的油膜，使磨损增加，同时还会造成精密偶件配合间隙中的漏失量增大，使实际供油量减少，降低柴油机功率。因此，为保证柴油机正常燃烧和良好润滑，柴油的粘度应适宜。

6. 腐蚀性

柴油的腐蚀性是用硫含量、硫醇硫含量、酸度以及水溶性酸或碱等指标来评定的。其意义和测定方法与汽油基本相同，但柴油中的硫和硫醇硫含量对柴油机的影响更大。元素硫和硫醇硫经燃烧后所生成的硫的氧化物，不仅对机件有很强的腐蚀作用，而且会使积炭变得坚硬，容易擦伤气缸壁，加剧机件磨损。柴油一旦流入曲轴箱，还会促使润滑油过早老化变质。因此对柴油中的硫和硫醇硫含量必须严格控制，国标规定柴油优级品、一级品的硫含量分别不大于0.2%、0.5%，硫醇硫含量不大于0.01%。

7. 安定性

柴油的安定性是指柴油在贮运和使用过程中能保持其外观颜色、组成和使用性能不变的能力。安定性差的柴油容易生成胶质堵塞滤清器和喷油器，并使燃烧室积炭严重。

影响柴油安定性的因素主要是柴油的化学成分，其次是外部环境的影响，如存放柴油的金属容器、空气中的氧气、光线、温度等。其评定指标有实际胶质、10%蒸余物残炭和催速安定性沉渣等。

此外，柴油中的灰分、水分和机械杂质等对柴油机的工作危害很大。灰分虽不能燃烧，但它是造成气缸和活塞环磨损的重要原因之一；机械杂质会使喷油泵和喷油器发生堵塞、卡死等故障；水分会降低柴油发热量，在冬季容易结冰堵塞油路，并增加硫化物对机件的腐蚀作用。因此，国家标准对这些指标有严格的规定。

1.3.2 车用轻柴油的规格与正确选用

1. 轻柴油的规格与牌号

我国轻柴油的规格，按其质量分为优级品、一级品和合格品三个等级，每个等级的轻柴油按其凝点又分为10，5，0，-10，-20，-35，-50七种牌号，适用于全负荷转速不低于960r/min的高速柴油机使用。

2. 柴油的选用

根据GB 252—2000标准要求，选用轻柴油牌号应遵照以下原则：

10号轻柴油适用于有预热设备的高速柴油机。

5号轻柴油适用于风险率为10%的最低气温在8℃以上的地区使用。

0号轻柴油适用于风险率为10%的最低气温在4℃以上的地区使用。

-10号轻柴油适用于风险率为10%的最低气温在-5℃以上的地区使用。

-20号轻柴油适用于风险率为10%的最低气温在-14℃以上的地区使用。

-35号轻柴油适用于风险率为10%的最低气温在-29℃以上的地区使用。

-50号轻柴油适用于风险率为10%的最低气温在-44℃以上的地区使用。

【课堂互动】

如何选用柴油？

3. 使用注意事项

1）不同牌号的柴油可以混合使用，并可根据气温的高低酌情调配，以改变柴油凝点的高低，满足使用要求。混合后的柴油凝点不是按比例计算，一般比其比例高2℃左右。如用-10号柴油与-20号柴油各以50%混合，混合后其凝点约为-13℃左右。

不同牌号的柴油可以混合使用吗？混合的目的是什么？

2）在低温下，缺乏低凝点柴油不易起动时，可以向柴油中掺入10%~40%的裂化煤油以降低其凝点，或采用适当的预热措施，也可使用柴油机低温起动液起动。使用起动液时不能将起动液加入油箱内，否则会产生气阻，而是用注射器直接注入进气管，用量一般为10~25mL。

柴油中能掺入煤油、汽油和低温起动液吗？

3）柴油不能与汽油混合，因为汽油的自燃点高，会使柴油机起动困难，甚至无法起动。

4）做好柴油的净化工作。柴油在使用前必须沉淀48h，并经滤网过滤，以防机械杂质混入，引起供油系统磨损和出现故障。

你会选择柴油牌号和使用了吗？

1.3.3　国内柴油的质量及发展趋势简介

为了满足我国交通、农业和环保的要求，我国石化企业努力增产柴油，并不断提高柴油产品质量，基本适应了国民经济的发展需要。

我国轻柴油产品标准没有按不同用途分类，而是按质量分为3个等级，即优级品、一级品和合格品。优级品相当于国际先进水平，一级品就相当于国际一般水平，合格品为国内一般水平。为了改善轻柴油产品的实物质量，石化企业加大了技术改革的力度，改、扩建和新建柴油加氢精制装置，为轻柴油产品的升级换代发挥了重要作用，原石化总公司在“九五”规划中提出了2000年淘汰合格品柴油，并使优级品柴油达到50%以上的达标指标。

我国轻柴油按凝点划分牌号，1997年共生产8个牌号的轻柴油和3个牌号的专用柴油产品，由于我国地理环境和气温特点，0号柴油生产比例最大，约占76%。另外为了满足严寒地区需要，还生产少量低凝柴油。

柴油中硫含量过高，对发动机工作有何影响？

十六烷值是表示柴油燃烧性能的重要指标，对发动机冷起动、排放和燃烧噪声都有影响，我国柴油国家标准要求，轻柴油的十六烷值不低于45，世界各国柴油十六烷值平均在50左右，和我国大体一致。影响柴油十六烷值的主要因素是柴油调和的组分构成。

硫的存在会导致发动机系统腐蚀和磨损，硫含量过高还会导致排气处理系统效率降低。硫对颗粒物排放影响较大，国际上都对柴油中的硫含量有严

【课堂互动】

格控制。我国柴油标准要求，轻柴油的硫含量优级品控制不大于0.2%，一级品不大于0.5%，合格品不大于1.0%。由于我国原油含硫一般较低，实际上除少数企业外，平均都在0.2%以下，基本上能够满足优级品柴油对硫含量的要求。但由于原油及精制深度不足的原因，硫含量波动较大，个别企业硫含量甚至达到1.0%。和国外水平相比，我国柴油硫含量仍有相当大的差距。

目前轻柴油产品质量虽然有了一定的改善，但是和国外相比，差距还很大。只有中国石化企业加大对提高柴油质量的投资，加速柴油加氢精制装置的新建和扩建工作，才能彻底解决轻柴油产品质量问题。

【技能训练】

让学生自由组合2~4人为一个小组，每组选择一个专题，搜集相关资料进行市场调查，撰写出专题报告，并在课堂上介绍报告内容、工作过程、工作方法以及工作中遇到的问题和解决方法等。

本节专题的内容建议：柴油使用性能及评价指标、规格牌号、选择及使用中的注意事项、市场调查与分析、价格波动等。

【习题1.3】

一、名词解释

1. 诱导期
2. 凝点
3. 冷滤点
4. 粘度

二、填空题

1. 柴油机作功行程的燃烧过程可分为_____、_____、_____及_____四个阶段。

2. 评定柴油燃烧性能的指标是_____。

3. 评定柴油蒸发性能的指标是_____和_____。

4. 柴油的粘度和柴油的_____、_____、_____及_____有很大的关系。

5. 柴油的腐蚀性由_____、_____、_____及_____四个指标来控制。

6. 国产轻柴油的牌号有_____、_____、_____、_____、_____、_____和_____七种。

三、选择题

1. 对柴油的十六烷值要求____。

A. 越高越好　B. 越低越好　C. 适宜（40~60）

2. 柴油的低温流动性用____来评定。

A. 粘度　B. 凝点　C. 闪点　D. 水分

【课堂互动】

3. 选用轻柴油是依据____确定。

A. 地区和季节的气温高低 B. 十六烷值 C. 凝点

4. 降低柴油凝点的方法有____。

A. 掺汽油 B. 掺煤油 C. 脱蜡 D. 采用冷起动液 E. 加降凝剂

四、判断题（正确的打"√"，错误的打"×"）

1. 和汽油相比，柴油的馏分轻、自燃点高，粘度和相对密度小。（ ）
2. 柴油的十六烷值越高，其燃烧性越好。（ ）
3. 通常选用柴油时，要求其凝点比环境气温低3～5℃。（ ）
4. 不同牌号的柴油可混合使用，且能改变其凝点，如－10号和－20号柴油各50%混合使用，其凝点为－15℃。（ ）
5. 冷起动液对柴油机的低温起动具有良好的效果，它还可以和其他燃料如汽油混合使用。（ ）
6. 罐装燃料时，在加注开始和接近装满时，应减小加注速度。（ ）
7. 严禁穿带铁钉的鞋进入油库，以防产生噪声。（ ）

五、问答题

1. 什么叫柴油机的工作粗暴？它和汽油机的爆燃有何区别？
2. 柴油的粘度对发动机有何影响？
3. 使用柴油机冷起动液应注意哪些问题？

1.4 汽车新能源

【本节目标】

了解汽车各种新能源的运用和发展前景。

【基本理论知识】

全球石油储量仅够再用约50年，能源短缺成为全球问题。到2010年和2020年，我国机动车的燃油需求量将分别达到1.38亿吨和2.56亿吨，供应十分紧张。同时，汽车尾气污染问题也困扰着全世界。研发新能源车，是解决这两大问题的必然选择。

你知道丰田PRIUS普锐斯汽车是一款什么车吗？

近年来，汽车能源多元化和汽车动力电气化的发展趋势，正预示着汽车产业技术变革的全面展开。当前国际上发展的新能源汽车有混合动力车、替代能源车和燃料电池车三大主流技术。从技术的分析来看，三大主流方向都具有节约能源和改善排放的优点。

所谓混合动力汽车，是指拥有两种不同动力源的汽车。这两种动力源在汽车不同的行驶状态（如起步、低中速、匀速，加速，高速，减速或者刹车等）下分别工作，或者一起工作，通过这种组合达到最少的燃油消耗和尾气排放，从而实现省油和环保的目的。由于能量利用率由原来的60%～70%提高到了95%以上，混合动力车可以节省近一半汽油，而且几乎没有发

【课堂互动】

讨论一下汽车上安装有液化石油气储罐是否安全。

动机噪声和尾气污染。

氢燃料电池车，称得上是新能源车中最具“未来感”的技术路线，在彻底摆脱稀缺能源束缚和可产业化方面前途光明。氢燃料电池不仅高效、低噪声，而且无污染、无二氧化碳排放。由于氢元素可从多种物质中提取，并可再生，所以已经不能简单用“节省多少油”来衡量，是目前所能看到的最有可能产业化的终极替代能源方案。当然，技术实现和推广的难度也最大。

1.4.1 液化石油气（Liquefied Petroleum Gas，LPG）

液化石油气（简称液化气）是石油在提炼汽油、煤油、柴油、重油等油品过程中剩下的一种石油尾气，通过一定程序、对石油尾气加以回收利用，采取加压的措施，使其变成液体，装在受压容器内，液化气的名称即由此而来。它的主要成分有乙烯、乙烷、丙烯、丙烷和丁烷等，在气瓶内呈液态状，一旦流出会汽化成比原体积大约250倍的可燃气体，并极易扩散，遇到明火就会燃烧或爆炸。

车用的液化石油气不同于一般民用液化气，首先车用液化石油气有纯度要求，不能含硫、水和其他重烃等杂质，其次随着季节的不同，车用液化石油气中所含丙烷、丁烷的比例不同。

汽油车可以改装成既可以烧汽油又可以烧液化石油气的双燃料汽车。但原装液化石油气汽车的性能比改装车要好得多。

液化石油气汽车上安装有液化石油气储罐，一般出租车的储罐容积为60L，可充装液化石油气48L，工作压力不超过2MPa。储罐上安装有加气口、截止阀、安全阀、过流阀、液位计和压力表。液化石油气自储罐经电磁阀到蒸发器，蒸发器由发动机水箱的热水加温，液化石油气被汽化并调压。燃气在混合器中与空气混合，进入发动机。

1.4.2 天然气

天然气，广义指埋藏于地层中自然形成的气体的总称。但通常所称的天然气只指储存于地层较深部的一种富含碳氢化合物的可燃气体，而与石油共生的天然气常称为油田伴生气。天然气由亿万年前的有机物质转化而来，主要成分是甲烷，但根据不同的地质形成条件，尚含有不同数量的乙烷、丙烷、丁烷、戊烷、己烷等低碳烷烃以及二氧化碳、氮气、氢气、硫化物等非烃类物质。天然气是一种重要的能源，广泛用作城市煤气和工业燃料。作为天然气的储存技术常用的有液化天然气和压缩天然气技术。

1. 液化天然气（Liquefied Natural Gas，LNG）

LNG即液态甲烷（CH_4），其储存温度为－162℃。LNG由液态汽化为气态，体积增大，气态甲烷是液态甲烷体积的625倍。液化天然气密度为$0.42 \sim 0.46 g/cm^3$。

LNG汽车上安装有储罐，工作压力不超过2MPa。储罐上安装有加气口、截止阀、安全阀、过流阀、液位计和压力表。LNG自储罐经电磁阀到汽化器，汽化器由发动机水箱的热水加温（或电加温），LNG 被汽化并调压。燃气在混合器中与空气混合，进入发动机，其工作过程与 LPG 汽车类似。

【课堂互动】

2. 压缩天然气（Crush Natural Gas，CNG）

CNG 是天然气加压并以气态存储在容器中。

CNG 也可作为车辆燃料使用，CNG 汽车上安装有储罐，工作压力不超过 20MPa，储罐上安装有加气口、截止阀、安全阀和压力表。CNG 从储气罐经主气阀、过滤器、电磁阀到减压阀，CNG 经减压后到混合器，燃气在混合器中与空气混合进入发动机燃烧。

天然气的成分依产地不同而有所差异，但其主要成分是甲烷（95%~98%），另外还有少量的乙烷、丙烷等。天然气作为汽车的代用燃料主要优点是：

用天然气作汽车的燃料可行吗？

1）辛烷值高，可达 120 以上，抗爆性好，可提高发动机的压缩比，从而提高发动机的热效率，弥补由于热值低带来的发动机功率下降。

2）天然气本身是气态，与空气混合均匀，燃烧完全，不积炭，可提高热效率 10% 以上。

3）对环境污染小。汽车使用天然气作燃料与使用汽油作燃料相比，一氧化碳（CO）减少 97%，碳氢化物（HC）减少 72%，氮氧化物（NO）减少 39%，二氧化碳（CO_2）减少 24%，二氧化硫（SO_2）减少 90%，苯、铅等粉尘减少 100%，噪声降低 40%。

4）天然气进入发动机气缸内时呈气态，对润滑油无冲刷稀释作用，有利于延长机油的使用寿命和减少机油的消耗量，发动机磨损也相应减少。

3. 天然气汽车和 LPG 汽车的优点

请说一说天然气汽车和 LPG 汽车有什么缺点？

1）尾气排放中不含铅和苯，硫含量极少，与汽油汽车相比，HC 的排放减少 60%~70%，CO 减少 80%~90%，NO_X 减少 30%~40%，CO_2 少20%~30%，噪声降低 40%，大大减轻了对环境的污染，故被称为“洁净燃料”。

2）抗爆性好，辛烷值达 103~110，远高于汽油，有利于增大燃气压缩比，提高发动机的动力性能。

3）燃料以气态进入气缸，燃烧较充分，热效率高，积炭少，这使得发动机的寿命延长 30%~40%，使润滑油更换周期延长 50%，降低了维护费用和运行成本。

4）采取了多项有效的技术措施和设施，使燃气在完全密闭的系统中运行，比汽油安全。如 LPG 汽车从投入使用至今未见爆炸记录。

5）比使用汽油便宜，具体经济指标须视当地天然气或 LPG 供应价与汽油价格之差而定，以 LPG 为例，可使汽车用户省 10%~15% 的燃料费，而对于 LPG 充气站的投资者来说，大约 1 年半能收回全部投资，推广 LPG 汽车是一项可以得到回报的投资行为，并不像附加尾气净化器或增加电喷反馈控制功能那样，是单纯的消费支出，增加购置成本而无回收机会。

4. 天然气汽车加气站和加气机

为了给天然气汽车充装燃料，要建设加气站。国家要求在试点城市，新建的加油站必须有加气功能，即要建“油气合建站”。

【课堂互动】

讨论一下电动汽车是如何来实现调速的？

与加油机相同，加气机是给天然气汽车加气的自动计量与计价的设备。按所加燃气的不同，加气机分为以下几种。

（1）液化石油气加气机　以升显示加气量，工作压力2MPa。

（2）压缩天然气加气机　以标准立方米显示加气量，工作压力20MPa。

（3）液化天然气加气机　以升显示加气量，工作压力2MPa。

各种加气机都必须经质量监督和安全部门检测并且发证，才能在加气站使用。从1999年北京市建第一座加气站，短短几年各型加气机都实现了国产化，与国外加气机相比不仅价钱便宜，而且更适合中国国情，得到了广泛应用。

1.4.3　电能

电动汽车是指以车载电源为动力，用电机驱动车轮行驶的车辆。电动汽车有如下优点。

（1）无污染，工作噪声低　汽油机汽车废气中的CO、HC及NOX、微粒、臭气等污染物形成酸雨酸雾及光化学烟雾。而电动汽车在工作时几乎不产生排气污染，噪声小，对环境保护十分有益的，有“零污染”的美称。

（2）能源效率高，多样化　电动汽车行驶速度不高，其能源效率超过汽油机汽车，电动汽车在制动过程中，电动机可自动转化为发电机，实现制动减速时的能量再利用。

另一方面，电动汽车的应用可有效地减少对石油资源的依赖，可将有限的石油用于更重要的方面。向蓄电池充电的电力可以由煤炭、天然气、水力、核能、太阳能、风力、潮汐等能源转化。除此之外，如果夜间向蓄电池充电，还可以避开用电高峰，有利于电网均衡负荷，减少费用。

（3）结构简单，使用维修方便　电动汽车较汽油机汽车结构简单，运转、传动部件少，维修保养工作量小，当采用交流感应电动机时，电机无需保养维护，更重要的是电动汽车易操纵。

电动车的缺点是动力电源使用成本高，持续行驶里程短。

目前电动汽车尚不如汽油机汽车技术完善，尤其是动力电源（电池）的寿命短，使用成本高。电池的储能量小，一次充电后行驶里程不理想，电动车的价格较贵。但从发展的角度看，随着科技的进步，投入相应的人力物力，电动汽车的问题会逐步得到解决。

此外，电动汽车的价格比内燃机汽车高，决定了电动汽车的初期投入大、费用支出多，但是电动汽车的维修保养费用低，随着使用年限的延长，其使用费用支出会逐渐降低，甚至会低于汽油机汽车使用成本。

1.4.4　醇类燃料

醇类燃料汽车是用醇类燃料做能源驱动的汽车。醇类燃料是指甲醇（CH_3OH）和乙醇（C_2H_5OH），都属于含氧燃料。

与汽油相比，醇类燃料具有较高的输出效率，油耗量较低。由于燃烧充分，有害气体排放较少，醇类燃料属于清洁能源。甲醇主要从煤和石中提炼，若形成规模生产，成本不高于汽油；乙醇一般利用谷物和野生植物生产，成本较低。目前西方一些国家使用醇类燃料与汽油掺混使用，掺混比例若在5%～15%范围内，可不更改发动机结构，目前已经正式投放市场。更大比例掺混燃料处于研究试验阶段。作为醇类燃料的推广，主要困难是甲醇产量较低，成本稍高，有毒，冷起动困难，具有较强腐蚀性等。随着技术的进步，醇类燃料将有很大的发展使用空间。

【课堂互动】

1.4.5 氢气

氢燃料电池汽车是利用氢气在燃料电池中与氧气发生反应，产生出驱动电力，推动汽车前进。因此，其是电动汽车的一种，而并非传统的内燃机汽车。

你知道2008年本田汽车公司也推出了限量版FCX Clarity燃料电池驱动汽车吗？

氢燃料电池车的工作原理是将氢气输送到燃料电池的阳极板（负极），经过催化剂（铂）的作用，氢原子中的一个电子被分离出来，失去电子的氢离子（质子）穿过质子交换膜，到达燃料电池阴极板（正极），而电子是不能通过质子交换膜的，电子只能经外部电路，到达燃料电池阴极板，从而在外电路中产生电流。电子到达阴极板后，与氧原子和氢离子重新结合为水。由于供应给阴极板的氧可以从空气中获得，因此只要不断地给阳极板供应氢，给阴极板供应空气，并及时把水（蒸气）带走，就可以不断地提供电能。燃料电池发出的电，经逆变器、控制器等装置，给电动机供电，再经传动系统、驱动桥等带动车轮转动，就可使车辆在路上行驶。与传统汽车相比，燃料电池车能量转化效率高达60%～80%，为内燃机的2～3倍。燃料电池的燃料是氢和氧，生成物是清洁的水，它本身工作不产生CO和CO_2，也没有硫和微粒排出。

尽管氢燃料电池技术有着美好的前景，但目前摆在我们面前的氢燃料电池车还是一个实验室里的概念。为了将这个概念变成可以批量生产的产品，通用、丰田等汽车公司投入数亿美元。目前氢燃料电池车至少有三大困难要克服。

一是成本的问题。由于要用到贵金属铂，因此成本居高不下。一般来说，仅燃料电池堆的成本就在每千瓦2000～5000美元。也就是说，要制造一个功率为100kW的氢燃料电池组，就要20～50万美元，这显然是非常不经济的。

二是氢的储存问题。由于氢常温常压下为气态，因此在车上如何携带氢也就成为一大难题。目前，常用的办法是将氢加压700kg，变成液态，用耐高压的复合材料瓶储存。

三是加氢站等基础设施缺乏。这是困扰氢燃料电池汽车真正商业化的一个大问题。

目前，通用就与壳牌合作，计划建立12家加氢站试运行。同时，通用、丰田还提出在现有汽油中重整产生氢，而在每辆车上仅加一个小型汽油重整装置的过渡办法。

【课堂互动】

【技能训练】

让学生自由组合，2～4 人为一个小组，每组选择一个专题，搜集相关资料进行市场调查，撰写出专题报告，并在课堂上介绍报告内容、工作过程、工作方法以及工作中遇到的问题和解决方法等。

本节专题的内容建议：目前市场上运用的新能源的种类以及发展前景。

【习题 1.4】

一、填空题

1. 气体燃料作为汽车的代用燃料，目前有________、________、________和________，其中尤以________和________开发研制最为突出。

2. 所谓混合动力汽车，是指拥有两种不同________源的汽车。

3. 电动汽车是指以________为动力，用电机驱动车轮行驶，符合道路交通、安全法规各项要求的车辆。

二、名词解释

LPG、LNG、CNG

三、简答题

1. 电动车的优缺点。

2. 燃料电池车的工作原理。

【阅读材料】中国石油化工集团公司及其产品简介

中国石油化工集团公司（简称中国石化集团公司，英文缩写 Sinopec Group）是 1998 年 7 月国家在原中国石油化工总公司基础和重组成立的特大型石油石化企业集团。中国石化集团公司在《财富》2008 年度全球 500 强企业中排名第 16 位。

请做了实际调查后的小组发言：中国石化集团公司在本地区销售的至少两种产品的性能、售后服务等情况。

中国石化集团公司是目前中国最大的一体化能源化工公司之一，主要从事：石油与天然气勘探开发、开采，管道运输、销售，石油炼制，石油化工，化纤，化肥及其他化工生产与产品销售、储运；石油、天然气、石油产品、石油化工及其他化工产品和其他商品、技术的进出口、代理进出口业务；技术、信息的研究、开发与应用。中国石化也是当产国内最大的石油产品（包括汽油、柴油、航空煤油等）和主要石化产品（包括合成树脂、合成纤维单体及聚合物、合成纤维、合成橡胶、化肥和中间石化产品）的生产高和供应商之一。

图 1-4　中国石化集团公司商标

根据中国石化集团公司统一品牌战略，目前注册商标如图 1-4 所示，该商标主要用于中国石化集团公司提供的商品和服务。

模块 2　汽车润滑材料

【学习目标】

● 了解发动机润滑油的作用、主要性能指标，能正确区分及选用发动机润滑油的品种规格，会检查、添加与更换发动机润滑油。

● 了解汽车齿轮油的工作条件、使用性能要求，能正确区分及选用汽车齿轮油的品种规格，会适时更换汽车齿轮油。

● 了解汽车润滑脂的作用、主要性能指标，能正确区分及选用润滑脂的品种规格，会加注汽车润滑脂。

● 了解自动变速器油的作用、使用性能要求，能正确区分及选用自动变速器油的规格品种，会检查、更换自动变速器油。

● 了解国内车用润滑油行业的发展状况，了解统一、昆仑、长城等国内知名润滑油企业，能辨别各类国产润滑油的产品。

● 了解国外车用润滑油行业的发展趋势，了解壳牌、美孚、BP 等世界知名润滑油企业在中国的发展，能辨别各类进口润滑油的产品。

车用润滑材料根据其组成与润滑部位的不同，分为发动机润滑油、汽车齿轮油、汽车润滑脂、自动变速器油、液压油等。

【课堂互动】

在汽车的实际使用中，虽然润滑材料本身的消耗量不大，但它对于减少运动件的摩擦阻力和零件磨损，延长机件的使用寿命和工作可靠性有很大的作用。因此，为了提高汽车利用率，合理使用车用润滑油是非常重要的。

2.1　发动机润滑油

【本节目标】

● 了解发动机润滑油的作用与分类。

● 能判别发动机润滑油规格品种。

● 能正确选用与使用发动机润滑油。

● 会安全环保地检查、添加与更换发动机润滑油。

【基本理论知识】

一直以来，发动机被喻为汽车的“心脏”，而发动机润滑油也被称为维持这颗“心脏”正常运转的生命液，可见它对于发动机的正常工作有着十分重要的作用。在汽车润滑油的使用中，发动机润滑油是最重要的一类，也是车用润滑油中消耗最大的一种，图 2-1 所示为一汽大众奥迪轿车原装合成润滑油。

【课堂互动】

发动机润滑油最主要的作用是什么？

2.1.1 发动机润滑油的作用

发动机润滑油（Engine Oil），简称机油，它有五大作用：润滑减磨、清洗冷却、密封、防腐防锈、缓冲减振。

图 2-1 一汽大众奥迪轿车原装合成润滑油

1. 润滑减磨

维修人员在维修发动机时，有时候会发现活塞裙部有拉伤的现象，或者气缸壁表面磨损严重，为什么会出现这种现象呢？这是因为发动机工作时转速很高，活塞与气缸壁之间、连杆轴瓦与曲轴之间等部位配合紧密，如果这些配合部位得不到充分的润滑，就会产生干摩擦。干摩擦在短时间内产生的热量足以使金属熔化，造成机件的损坏甚至卡死（活塞拉缸、曲轴抱瓦等），因此必须对发动机中的摩擦部位给予良好的润滑。

当机油进入摩擦副后，就在摩擦面之间形成一层油膜，当配合副产生相对运动时，粘在它们表面的油膜随之移动，从而防止金属表面直接接触引起干摩擦，起到润滑减磨的作用。油膜的强度和韧性是发挥其润滑作用的关键。为了保证润滑油可以顺利到达配合表面，机油必须有一定的压力，当机油压力不足时，仪表上的机油压力警告灯会点亮，提醒驾驶员，如图 2-2 所示。

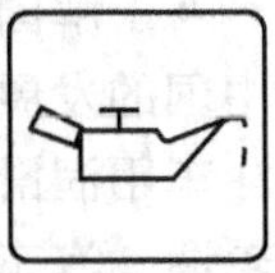

图 2-2 机油警告灯

2. 清洗冷却

燃烧室积炭对发动机的工作有何影响？

发动机的内部工作环境十分恶劣，通过进气系统吸入发动机的灰尘和混合气未完全燃烧后产生的物质会在气门、气缸壁上形成积炭，润滑油在发动机内部被不断氧化，氧化物也容易形成油泥和积炭。必须及时将这些污物清理，清理的过程是靠机油在机体内循环流动来完成的。机油中含有清除积炭的清净剂和分散剂，能够清洁金属表面，分散污垢，保持发动机内部清洁。当更换润滑油时，这些杂质随同机油一起排出，因此机油会呈现较黑的颜色。

燃料在发动机内燃烧后产生的热量，只有一小部分用于动力输出以及摩擦阻力消耗和辅助机构的驱动上，其余大部分热量，除随废气排到大气中外，还会被发动机中的冷却介质带走一部分。发动机中多余的热量，必须排出机体，否则发动机会由于温度过高而烧坏。这一方面靠发动机冷却系统来完成，另一方面靠机油从气缸、活塞、曲轴等表面吸收热量后，带到油底壳中散发。

3. 密封

发动机的气缸与活塞、活塞环与环槽、气门与气门座之间均存在一定间隙，这样才能保证各配合件之间运动时不会卡滞，但这些间隙又容易造成燃烧室内的混合气窜入曲轴箱，不仅会加速机油的变质，还会降低气缸压力和发动机的输出功率。机油可以在各配合件的间隙中形成油膜，保证了气缸的密封性，保持气缸压力及发动机的输出功率，并能阻止废气向下窜入曲轴箱。

4. 防腐防锈

发动机在运转或停放时，大气中的水分、燃烧产生的酸性气体等，都会对活塞环、轴瓦等金属部件造成腐蚀。机油中含有的缓蚀剂等物质是具有防锈性能的多效添加剂，这些添加剂在金属表面形成排列整齐的致密吸附层，有效地抵制了各种腐蚀物质的侵入。

5. 缓冲减振

当发动机起动、加速或负荷发生较大变化时，活塞销、连杆的大小端以及曲轴轴瓦等部件均要承受振动的剧烈变化，适当粘度的机油可以吸收部分冲击能量，起到缓冲的作用。

【课堂互动】

机油粘度过大或过小对发动机工作有何影响？

2.1.2 发动机润滑油的主要性能指标

发动机润滑油的工作条件十分恶劣，它经常与发动机的高温、高压零件接触，要经受的环境温度差异较大，在80~300℃之间变化。另外还要受水汽、酸性物质、灰尘微粒和金属杂质的侵扰。因此，为了保证发动机在工作中得到正常润滑，对发动机润滑油的使用性能提出以下的要求。

1. 适宜的粘度

粘度是润滑油的主要性能指标。它是指流体在外力作用下，分子间的内聚力阻碍分子间的相对运动而产生的一种内摩擦力。油膜是润滑油固有的特性。油膜的厚薄，一般用粘度来表示。润滑油的粘度即通常说的油膜的厚薄。粘度大，则说明油膜厚；粘度小，则说明油膜薄。

润滑油的粘度关系到发动机的起动性、机件的磨损程度、燃油和润滑油的消耗量及功率损失的大小。润滑油粘度过大，流动性差，进入摩擦面所需时间长，燃料消耗就会增大，机件磨损也会增大，清洗及冷却性差，但密封性好；润滑油粘度过小，不能形成可靠的油膜和保持润滑，密封性差，磨损大，功率下降。所以粘度过大、过小都不好，应当适宜。

粘度的表示方法主要有动力粘度、运动粘度和条件粘度。我国润滑油规格中，采用动力粘度与运动粘度。运动粘度广泛用于测定喷气燃料油、柴油、机油等液体石油产品以及使用后的润滑油、原油等的粘度。

在国际单位制中，运动粘度单位名称为斯，单位符号为St，$1St=10^{-4}m^2/s$。实际测定中常用厘斯（cSt），$1cSt=10^{-6}m/s$。

2. 良好的粘温性能

发动机润滑油应用的工作温度范围很广，在300℃左右，要求它有足够的粘度保证润滑，在0℃以下，甚至−40℃时，要求它有足够的流动性，以保证顺利起动，所以要求发动机润滑油粘温性好。

温度与粘度之间的关系，称之为粘温性。润滑油的粘度随温度的上升而减小，温度下降而粘度增大。润滑油粘度随温度变化的程度，称为粘度指数。粘度指数越大，表明机油受温度的影响越小，粘温性越好。

【课堂互动】

发动机哪些部位使用了滑动轴承?

3. 清净分散性能好

润滑系统产生的油泥等污垢过多时会从油中析出，造成润滑油滤清器和油孔堵塞、润滑油的流动性差、活塞环粘着、燃油油耗增大、功率降低等现象。为防止上述故障，必须要在润滑油中添加油溶性的清净分散剂。

清净分散剂主要分为金属型清净剂和无灰型分散剂。其中，金属型清净分散剂能防止活塞环槽中的油泥沉积，对活塞环区的清净能力好，单独使用时，称为清净剂；无灰型清净剂对防止活塞环槽中的油泥沉积能力差，但促使油泥在油中分散的能力强。

4. 良好的润滑性

发动机使用的大都是滑动轴承，而且要承受很大的负荷，如主轴承为5~10MPa（汽）和10~20MPa（柴），连杆轴承为7~14MPa（汽）和12~15MPa（柴），个别部件更可达到90MPa。发动机润滑油在高负荷、高压的条件下，必须有良好的润滑性，否则油膜就会被破坏。

5. 酸中和性好

燃油尤其是柴油中，含有大量的硫成分，燃烧后产生的酸性气体与水结合形成硫酸或亚硫酸等溶液。这些酸会对发动机内的金属产生腐蚀。因此，要求润滑油具有很好的与酸中和的能力，减少燃烧产生的酸性物质对发动机的损害。

6. 氧化安定性能好

润滑油会在高温下与氧结合，其氧化生成物会使润滑油变质失效，这是造成发动机许多故障的主要原因之一。润滑油中应添加各种抗氧化添加剂，避免其氧化变质。

7. 良好抗泡沫性

由于曲轴的强烈搅动和飞溅润滑，容易使润滑油生成气泡，使润滑性能下降，并能导致机油泵故障。因此，润滑油中必须加入良好的泡沫抑制剂产品来抑制泡沫的产生，保持润滑油的功效。

2.1.3 发动机润滑油的分类与规格

发动机润滑油按照用途分为汽油发动机润滑油（汽油机油）和柴油发动机润滑油（柴油机油）。但有些发动机润滑油既可以适用于汽油发动机，还可以适用于柴油发动机，称之为通用油。

发动机润滑油的质量等级，在国内外广泛采用美国汽车工程师学会（SAE）的粘度分类法和美国石油学会（API）的使用条件分类法。

1. 粘度分类法

采用SAE的粘度分类法，将发动机润滑油粘度等级分为低温用油、高温用油和多级机油等三类。即

1）低温用油：0W、5W、10W、15W、20W、25W。

2）高温用油：20、30、40、50、60。

3）多级机油：5W/30、10W/40、15W/40、20W/40、20W/20等。

【课堂互动】

为什么用字母“W”代表冬季机油品种？

其中数字表示粘度等级，数值越大，表示粘度越高；字母W代表冬季机油品种。此外，还有一种全气候机油（又称多级机油），是用低粘度的基础油加入稠化剂制成的。它用SAE等级的双重号码表示，例如：SAE 5W/30，其中5W表示冬季粘度级别，30表示夏季粘度级别。这种机油在高温时具有SAE 30相同的粘度值，而在低温时，它的粘度不超过冬用机油SAE 5W的粘度值，是一种多级机油。

根据粘度分类，发动机润滑油可以分为单级油和多级油两种。单级油是发动机在某个温度范围内使用的润滑油，如果温度超过指定的范围，单级油将不能提供充分的润滑。

机油粘度等级与使用（环境）温度的关系见表2-1。

表2-1 机油粘度等级与使用（环境）温度的关系

机油粘度	100℃时的运动粘度/($mm^2 \cdot s^{-1}$)	泵送极限最高温度/℃	最高动力粘度/(MPa·s)	使用环境温度/℃
0W	≥3.8	-35	3250	-55 ~ -10
5W	≥3.8	-30	3500	≥ -30
10W	≥4.1	-25	3500	≥ -20
15W	≥5.6	-20	4500	≥ -15
20W	≥5.6	-15	6000	≥ -10
25W	≥9.3	-10	—	≥ -5
20	5.6~9.6	—	—	0~20
30	9.3~12.5	—	—	5~30
40	12.5~16.3	—	—	25~40
50	16.3~21.9	—	—	20~50
10W/40	9.3~12.5	-25	—	-20 ~ +30
15W/40	12.5~16.3	-20	—	-15 ~ +40
20W/40	12.5~16.3	-15	—	-10 ~ +40
20W/20	7.0~9.3	-15	—	-10

2. 使用条件分类法

根据机油的性能和使用场合，API将机油分为汽油机系列与柴油机系列。每个级别用两个字母表示。第一个字母表示适用的发动机类型，第二个字母表示质量级别。如果第一个字母是“S”，则表示适用于汽油发动机，如果第一个字母是“C”，则表示适用于柴油发动机。

根据油品特性和使用场合不同，四冲程汽油机油系列分为SC、SD、SE、SF、SG、SH、SJ级别，以及二冲程汽油机油RA、RB、RC、RD等级别；柴油机油系列分为CC、CD、CD-Ⅱ、CE、CF、CG、CH等级别。

（1）汽油机油　一般在油壶标签上会标有“汽油机油”字样，如图2-3所示。

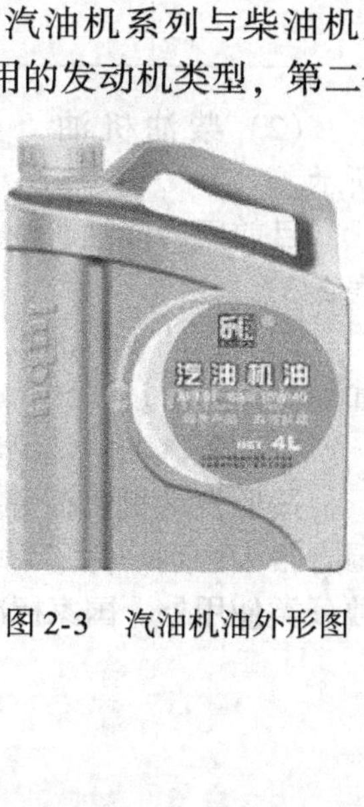

图2-3 汽油机油外形图

【课堂互动】 目前国内汽油机油品种的应用范围和粘度牌号见表2-2。

表2-2 汽油机油（S系列）的品种应用

品 种	适用范围	粘度牌号和应用
SC级	适合于中等负荷、压缩比6.0～7.0条件下使用的载货汽车、客车的汽油机和其他汽油机，也可用于进口汽车使用SAE J183 SC级机油的汽油机	有5W/20、5W/30、10W/30、15W/40、20W/40、20/20W、30和40等牌号
SD级	适用于高负荷、压缩比7.0～8.0条件下的载货汽车、客车和某些普通轿车的汽油机	有10W、5W/30、10W/30、10W/40、15W/40、20W/40、20W/20、30和40等牌号
SE级	适用于压缩比8.0以上苛刻条件下使用的轿车和某些载货汽车的汽油机	有5W/30、10W/30、15W/40、20/20W、30和40等牌号。适用于1970年代水平的发动机，如夏利、昌河、拉达、大发
SF级	用于更苛刻条件下使用的轿车和某些载货汽车的汽油机	有5W/30、10W/30、15W/40、20/20W、30和40等牌号。适用于1980年代开发的发动机，如奥迪100、切诺基、标致、斯科达、桑塔纳、捷达、富康等
SG级	用于轿车和某些货车的汽油机以及要求使用API SG级油的汽油机	SG级油的质量还包括CC（或CD）级油的使用性能。它专为电喷发动机预备的，如丰田、奔驰、桑塔纳2000型、红旗98新星、富康AG等车型
SH级	用于轿车和轻型货车的汽油机以及要求使用API SH级油的汽油机	SH级油质量在和油品的抗氧化性能方面优于SG级油，并可代替SG，如红旗CA7180E、CA720DE、CA7220型轿车、奥迪轿车发动机等
SJ级	用于高级轿车的汽油机以及要求使用API SJ级油的汽油机	适用于劳斯莱斯、凯迪拉克、奔驰、宝马、沃尔沃、林肯、雷克萨斯、别克、克莱斯勒、雷诺、福特、红旗、奥迪等进口及国产高级轿车

（2）柴油机油　柴油机油外形如图2-4所示。

案例：

API SJ/CD，表示该润滑油相当于汽油发动机SJ级，也相当于柴油发动机CD级，它就是一种通用油。

目前国内柴油机油品种的适用范围和应用见表2-3。

（3）二冲程汽油机油　二冲程汽油机油外形如图2-5所示。

二冲程汽油机油品种与用途见表2-4。

按照发动机负荷等条件，各级机油的适用范围有很大区别。除了以上汽油机油和柴油机油单独分类使用外，国家标准还规定一些的汽油机/柴

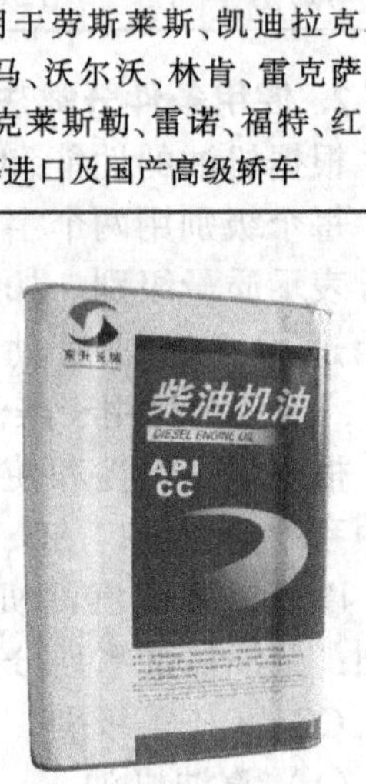

图2-4 柴油机油外形图

油机通用油品种，即 API SD/CC、SE/CC、SF/CD、SJ/CD 等。

【课堂互动】

表 2-3 柴油机油（C 系列）的品种应用

品　种	适用范围	粘度牌号和应用
CC 级	只适用于低增压和中等负荷的非增压柴油机以及一些重负荷汽油机	它有 5W/30、10W/30、155W/40、20W/40、20/20W、30、40 等牌号
CD 级	用于需要高效控制磨损和沉积物或使用包括高硫燃料非增压、低增压和增压式柴油机以及国外要求使用 API CD 级油的柴油机	如东风中、重型卡车柴油发动机装用 CD30、CD40、CD50 或 CD15W/40、20W/50、10W/30 柴油机油，康明斯发动机使用 CD 15W/40、20W/50、10W/30 柴油机油
CD-Ⅱ级	用于要求高效控制磨损和沉积物的重负荷二冲程柴油机	要求使用 API CD-Ⅱ级油的柴油机，同时也满足 CD 级油的性能要求
CE 级	用于在低速高负荷和高速高负荷条件下运行的低增压和增压式重负荷柴油机	要求使用 APICE 级油的柴油机，同时也满足 CD 级油的性能要求
CF 级	用于高速四冲程柴油机以及要求使用 APICF-4 级油的柴油机。该级油品特别适用于高速公路行驶的重负荷货车	有 10W、5W/30、10W/30、15W/30、15W/40、20W/40、20/20W、30、40 牌号。如依维柯专用 CF 10W/30、15W/40 机油；奔驰、沃尔沃等大型高级客车、各种进口及国产高级大型载重汽车、高级轿车也可选用 CF-4/SG 15W/40 机油

例如，一汽大众公司捷达、桑塔纳轿车发动机润滑油既适用于汽油发动机，又适用于柴油发动机，如图 2-6 所示。

图 2-5 二冲程汽油机油外形

图 2-6 一汽大众轿车汽油机油外形

2.1.4 发动机润滑油的正确选用和使用注意事项

据统计，车辆因润滑不良造成的故障占总故障数的41%。因此，要充分发挥高质量机油的作用，保证发动机可靠润滑，降低磨损，减少故障，延长车辆使用寿命，必须从发动机润滑油的选择、使用、管理上加以重视。

解释一下 API SG/CF-4 的含义。

【课堂互动】

表 2-4 二冲程汽油机油品种与用途表

品 种	适用范围	性 能
RA 级	用于缓和条件下的小型风冷二冲程汽油机	具有防止发动机高温堵塞和活塞磨损的性能
RB 级	用于缓和至中等条件下的小型风冷二冲程汽油机	具有防止发动机高温堵塞和由燃烧室沉积物引起提前点火的性能
RC 级	用于苛刻条件下工作的小型至中型风冷二冲程汽油机	具有防止活塞环粘结和由燃烧室沉积物引起提前点火的性能
RD 级	用于苛刻条件下工作的中型至大型水冷二冲程汽油机	具有防止燃烧室沉积物引起提前点火、活塞环粘结、活塞磨损和防腐蚀的性能

1. 正确选择润滑油种类和质量等级

在选用发动机润滑油时，既熟悉各类牌号机油的规格性能，又熟悉发动机的结构特点、强化程度、使用条件和制造年代，才能做到正确选用。

汽油机油和柴油机油使用性能的侧重点不同，润滑及添加剂配方不同，应区别使用。只有标明为通用油（如 SE/CC、SF/CD 等）时，方可在标明的级别范围内通用。某些新产品对通用范围另有说明，可按其推荐说明使用，如 SG 级汽油机油可代替 SF/CD、SE/CC 通用油使用。在质量等级的选择上，应注意按新分类中各等级油品的使用范围合理选用。

可根据发动机结构特点与生产年份选用汽油机油，后生产的车为满足环保要求，一般在进、排气系统中设有一些附加装置，使机油的工作条件变得更加恶化，必须选用质量等级较高的机油。

可按柴油机的强化系数选择柴油机油的质量等级。强化系数小于 50 的柴油车，如黄河 JN1171、跃进 NJ1061 等应使用 CC 级润滑油；强化系数大于 50 的柴油车，如斯太尔重型车、EQ1141G 和依维柯等车均要求用 CD 级润滑油；强化系数大于 50 的在高速公路上行驶的重负荷载货车，使用 CF—4 柴油机油。

2. 合理选择润滑油粘度

润滑油粘度是润滑油十分重要的性质，合理选择润滑油粘度是对发动机实施正确润滑的关键。

如果机油粘度太大，流动性不好，起动时输送机油慢，油压虽高，但流量小，而使冷起动困难。此时，机件最容易出现短暂的干摩擦或半液体摩擦，这是造成发动机运动件磨损的最主要原因；粘度太大，机件摩擦表面间的摩擦力也就增大，它不仅会增大机件磨损，而且摩擦功增大，致使有效功率降低，燃油消耗增加。粘度太大，由于机油的循环速度变慢，使清洗冷却散热作用的效果变差。粘度大的机油与粘度小的机油相比，残炭含量较多，酸值和凝点较高，热氧化安定性和粘温性能都要差些，从而影响使用效果。

什么是干摩擦？

【课堂互动】

机油粘度太小，油膜易被破坏。在高温摩擦表面上，不易形成足够厚的油膜，机件得不到正常润滑，会增大磨损。同时，机油的密封作用差，不仅使气缸有效压力降低，机油受稀释和污染，还易使机油窜入燃烧室，致使机油消耗量增加，燃烧不完全，排气冒黑烟。

对机油粘度级别的选择，应高度重视。由于机油的牌号是根据粘度来划分的，所以应正确选择机油牌号，选择依据是当地环境和气温。一般来说，在保证可靠润滑的前提下，应尽可能选粘度较低的机油。

发动机机油牌号（粘度）选用的一般原则为：

（1）根据发动机的性能　例如大负荷、低转速的发动机选用粘度大些的机油；小负荷、高转速的发动机选用粘度小的机油。

（2）根据发动机的磨损情况　旧发动机磨损大，选用粘度大的机油。新发动机磨损少，选用粘度小的机油。

（3）根据工作地区的气温　夏季南方使用的发动机，选用粘度大一些的机油，而冬季北方选用粘度小的机油。

机油的使用温度应比其凝点高 6 ~ 10℃，以防止机油的粘度显著增大，而使机件过度磨损或损坏。由于各地气候的差异，就是同一地区不同季节气温差别也很大。因此，在选用机油时，可参照表 2-5。表 2-5 不仅为正确使用油料提供了依据，而且为汽车在各种条件下使用、节油提供了参考数据。

表 2-5　各地风险率为 10％的最低气温表　（单位：℃）

地区＼月份	1	2	3	4	5	6	7	8	9	10	11	12
河北	-14	-13	-5	1	8	14	19	17	9	1	-6	-12
山西	-17	-16	-8	-1	5	11	15	13	6	-2	-9	-16
内蒙古	-43	-42	-35	-21	-7	-1	4	1	-8	-19	-32	-41
黑龙江	-44	-42	-35	-22	-6	1	7	4	-6	-20	-35	-43
吉林	-29	-27	-17	-6	1	8	14	1	2	-5	-17	-26
辽宁	-23	-21	-12	-1	6	12	18	15	6	-2	-12	-20
山东	-12	-12	-5	2	8	14	19	18	11	4	-4	-10
江苏	-10	-9	-3	3	11	15	20	20	12	5	-2	-3
安徽	-7	-7	-1	5	12	18	20	20	14	7	0	-6
浙江	-4	-3	-1	6	13	17	22	21	15	8	2	-3
江西	-2	-2	3	9	15	20	23	23	18	12	4	0
福建	-4	-2	3	8	14	18	21	20	15	8	1	-3
广东	1	2	7	12	18	21	23	23	20	13	7	2
广西	3	3	8	12	18	21	23	23	19	15	9	4
湖南	-2	-2	3	9	14	18	22	21	16	10	4	-1
湖北	-6	-4	0	6	12	17	21	20	14	8	1	-4
河南	-10	-9	-2	4	10	15	20	18	11	4	-3	-8

【课堂互动】

（续）

地区＼月份	1	2	3	4	5	6	7	8	9	10	11	12
四川	-21	-17	-11	-7	-2	1	2	1	0	-7	-14	-19
贵州	-6	-6	-1	3	7	9	12	11	8	4	-1	-4
云南	-9	-8	-6	-3	1	5	7	7	5	-1	-5	-8
西藏	-29	-25	-21	-15	-9	-3	-1	0	-6	-14	-22	-29
新疆	-40	-38	-28	-12	-5	-2	0	-2	-6	-14	-25	-34
青海	-33	-30	-25	-18	-10	-6	-3	-4	-6	-16	-28	-33
甘肃	-23	-23	-16	-9	-1	3	5	5	0	-8	-16	-22
陕西	-17	-15	-6	-1	5	10	15	12	6	-1	-9	-15
宁夏	-21	-20	-10	-4	2	6	9	8	3	-4	-12	-19

注：摘自中央气象局编《石油产品标准的气温资料》，不含我国台湾地区。

3. 发动机润滑油的代用与混用

在油品供应不及时或市场上缺乏合适的品种时，要用其他油品进行代用。润滑油的代用和混用关系到发动机的使用寿命，应遵守下列原则谨慎选用：

1）质量等级相同时，使用温度范围宽的，可代替使用范围窄的油品。如要求使用30SC级润滑油时，可用10W/30SC代替。要求使用30SD、40SD或20W/40SD级润滑油时，可用15W/40SD代替。

2）在性能上，只能以质量等级高的机油，代替质量等级低的机油（一般高出一档为宜），绝不能以低档油代替高档油，否则会因抗磨性、高温清净分散性及高温抗氧化性不足，而导致发动机早期磨损。

3）不同生产厂家的同类油品要混用时，应先做混合试验。将两种油按1:1比例混合、搅拌并加热到80～90℃后，观察有无异味或浑浊沉淀等，如无异常现象时，方可混用。

需特别指出的是，润滑油代用和混用不应提倡，仅作为临时措施，且在使用代用油品或混用油品时，应注意经常检查发动机机油的工作情况，以保证不会因润滑不当而引发事故。一旦有原说明书要求的油品时，最好立即换回。

4. 防止润滑油被污染

发动机润滑油污染物主要有机械杂质和水分。机械杂质中的脆性颗粒，在载荷的作用下会产生碎裂。这种“小爆炸”现象，将导致润滑油温升和油膜破裂。杂质中的塑性颗粒变形时，也将导致局部温升，且这些颗粒的热效应比机械效应更显著，会使油膜迅速破裂。如果颗粒的硬度大于摩擦面的表面硬度，则会通过磨粒的变形、卡嵌、磨削及在接触区入油口处的堆积等，同时产生机械和热效应，使机油性能下降及油泥增多。

因此，应注意改善维修作用场地的卫生和降尘量，维修装配时应清除零件上的金属屑、毛刺。换用新机油时，应注意保持容器的清洁，有条件时应将机油过滤后再加入。平时注意对“三滤”的维护，保持空气滤清器有较高的滤清效率，最大限度地减少机械杂质混入。水分混入机油中，对润滑效果的影响更大，所形成的电解质溶液会锈蚀发动机零件，而且当含水机油同高于100℃的金属表面相接触时，会形成蒸汽，破坏润滑油膜。更重要的是发动机机油中的部分添加剂，是良好的乳化剂，水分混入后，会使油品产生泡沫或乳化变质，严重时会使添加剂分散、沉淀，从而降低润滑性能。

【课堂互动】

因此，在储存和使用机油过程中，要严防水分混入。维护发动机时，要注意检查气缸盖有无沙眼、气孔或裂纹，气缸套封水胶圈是否有伤痕、折皱等，以防水分渗入。

5. 应及时更换润滑油

适时更换润滑油是发动机可靠润滑的保证。润滑油在使用过程中，由于污染、氧化等原因，质量会逐渐下降，同时也会有一些消耗，使数量减少，不断向润滑系中添加一些新油，只能弥补数量上的不足，而不能完全补偿润滑油性能的损失。随着时间的延长，润滑油的性能会变得越来越差，以致给发动机带来严重后果。如使发动机内沉积物急剧增多，动力性能下降，零件早期磨损，最终导致功能故障的产生。为了确保发动机长期正常运行，降低磨损，必须按规定及时更换润滑油。

厂家推荐的换油期是在产品试验后或参照同类产品确定的，它是以发动机安全运行为目的，并考虑到不同工作条件和恶劣环境等情况，因此有较大的安全系数，偏于保守。有关专家发现，有的车辆换油期可以比推荐换油期延长1~2倍，因此根据汽车厂家推荐时机换油，有时会带来一定的浪费。比较经济、合理的换油方法是按质换油，即根据在用油品的某些指标变化程度来确定换油时间。对于缺少油品化验设备和化验人员的单位，可在油品接近厂家推荐的换油期时，采用一些简易的快速检测方法，如斑点检测，来判断油品质量变化的情况。

在换油时间的确定上，要注意消除以润滑油颜色变黑作为更换依据的误区。有不少驾驶员看到润滑油的颜色变黑，就认为油品已严重变质，而将其更换，造成浪费。对于早期没加清净分散剂的机油来说，使用中颜色变黑的确是油品已严重变质的表现，但现代汽车使用的润滑油一般都加有清净分散剂，目的是将粘附在活塞上的胶膜和黑色积炭洗涤下来，并分散在油中，减少发动机高温沉积物的生成，故机油使用一段时间后颜色容易变黑，但这时的油品并未变质。使用中的机油是否严重变质、是否需要更换，应主要根据机油的理化指标是否达到报废标准来判定。

发动机润滑油加注过多有什么不好？

6. 按规定量加注润滑油

润滑油最主要的作用是润滑机械，减少摩擦，降低磨损。油量不足时，会加速润滑油变质，甚至会因缺油而引起零部件的粘结与异常磨损。但润滑油太多也是不可取的，原因有二：一是润滑油过多会从气缸和活塞的间隙中

【课堂互动】

如何减小润滑油产品对人体健康的危害?

窜进燃烧室，产生积炭；二是增大了曲轴连杆的搅拌阻力，使燃油消耗增大。试验表明，加油量超过标准1%时，燃油消耗会增大1.2%。因此，加油必须要遵循“少量勤加”的原则，使油平面始终保持在刻线的2/4～4/4之间。

7. 严禁使用假冒伪劣润滑油

假冒伪劣润滑油，一般是基础油高低温性能差，添加剂含量不足，质量性能与国家标准的要求有较大的差距。伪劣油品依靠检测粘度、闪点和倾点是不易发现的，因为发动机润滑油的重要使用性能，如低温起动性、高温抗氧化性及高温清净性等，要使用专门的仪器来检测。这些专门的仪器价格昂贵，一般单位都没有，所以给伪劣产品以可乘之机，造成目前机油市场的混乱，质量水平参差不齐。使用伪劣机油，会使发动机无故障期明显缩短、修理频率增大、发动机寿命下降，这些只有在后期才能发现。因此，在选购油品时，一定要谨慎。

8. 废油的处理

换油时，不要轻易报废用过的机油，如油质尚好，可以稍加处理（如沉降过滤，去除水分杂质）后，可再用或用于次要设备。应注意废油的存放，避免误食和污染环境。

对于作为废油处理的机油应妥善处理。现在，市场上有很多可环保地回收废油的废油回收机，如图2-7所示。

图2-7 废油回收机

2.1.5 发动机润滑油的检查、添加与更换

更换机油是车辆保养中常规且重要的项目之一。

1. 机油的检查与补充

为减少发动机磨损，确保发动机良好的润滑，在维护中，应认真检查机油的质量和数量。发动机在运转中消耗少量机油是正常现象。发动机润滑油的消耗量与机油的粘度、质量及行驶方式有关。车辆经常高速行驶和频繁地加速、减速或处于走合期，都会过多地消耗机油。

（1）机油量检查　机油量检查之前的准备工作：一是把汽车停放在平坦的场地上，如果场地倾斜，将使检查的结果失真；二是至少应该使发动机停止运转约30min，这一点十分重要。在发动机运转期间，机油被输送到发动机的各个部位上，需要发动机停止运转较长的时间，才能使润滑油充分地回落到油底壳中。检查机油量的方法如图2-8所示，步骤如下所述。

① 把机油标尺拔下来，用布把机油标尺上的油迹擦拭干净。

② 把擦干净了的机油标尺，再插回到机油标尺孔内。

③ 缓慢地将机油标尺拔出来，检查机油标尺上沾附的油迹。

【课堂互动】

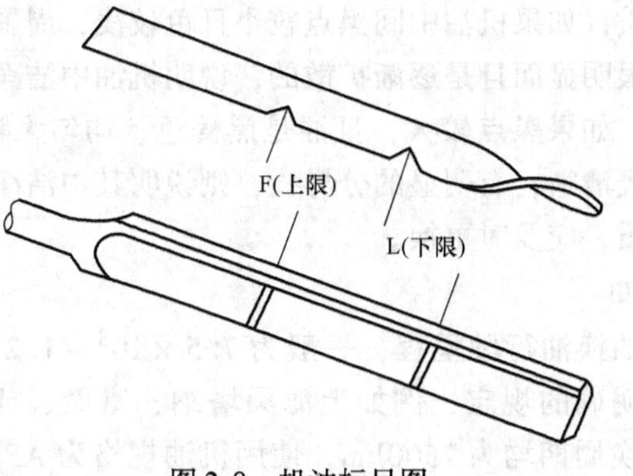

图 2-8　机油标尺图

(2) 机油量补充　如果油迹位于图 2-8 所示的 F 和 L 标记之间，说明机油量合适。当然，如果油迹十分接近 L 标记，说明机油量不足，应该尽快地添加新机油，但不宜过多。

油标尺上的“F”和“L”分别代表什么含义？

由于汽车总成的技术状况不同，发动机润滑油的消耗状况差别很大。技术状况良好的发动机，机油消耗量要比额定值低很多。磨损严重的发动机润滑油消耗量可能超过额定的两倍甚至更多。

根据我国标准规定，机油与燃油消耗比小于 1%。按此推算，发动机排量为 1.6～2.0L，100km 燃油消耗为 10L 的轿车，其机油消耗量应小于 $1L/10^3km$。

国外对轿车发动机润滑油消耗量并未作法规性强制规定，一般认为在最初行驶的 10^4km 磨合期中，机油消耗量可能达到 $0.3L/10^3km$，在行驶 10^4km 以后，机油消耗量将维持在 $0.2L/10^3km$ 之内，而维修手册中，只要机油消耗量小于 $1L/10^3km$，均为正常。

2. 机油的质量检查

在检查油位时，应注意检查机油的污染程度。当机油达到使用的间隔里程或达到换油指标时，应及时更换机油。多级油在使用时容易变黑，属于正常现象。

机油变黑一定要更换吗？

检查机油质量的常用方法有油迹对比、粘度比较试验和化验法等几种。

用油迹对比法检测机油质量时，如图 2-9 所示，可取两片洁净的白纸，在纸上分别滴下同种新机油和正在使用的机油各一滴，比较二者变化情况。

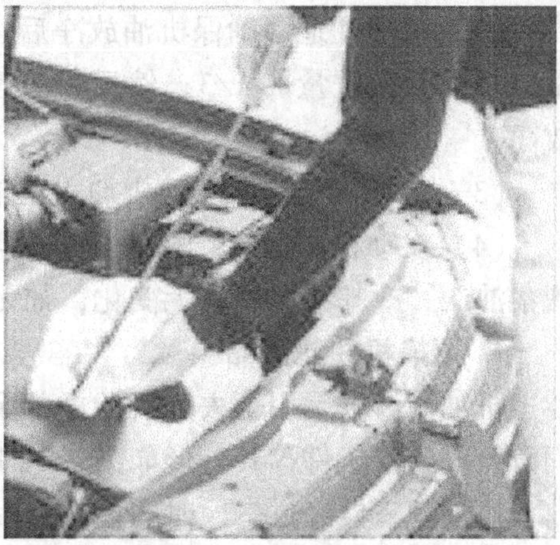

图 2-9　机油质量检查图

如果在用的油中间黑点里有较多的硬沥青质及炭粒等，表明机油滤清器的滤清作用不良，但并不说

【课堂互动】

明机油已经变质；如果机油中间黑点较小且色较浅，周围的黄色润迹较大，油迹的界线不很明显而且是逐渐扩散的，说明机油中洁净分散剂尚未耗尽，仍可继续使用；如果黑点较大，且油是黑褐色、均匀无颗粒，黑点与周围的黄色油迹界线清晰，有明显的分界线，则说明其中洁净分散剂已经失效，表明机油已变质，应及时更换。

3. 更换机油

正常的机油换油行驶里程，一般为 $7.5 \times 10^3 \sim 1.2 \times 10^4$km，但汽车生产厂家各有明确的规定，例如上海桑塔纳、富康、捷达轿车发动机润滑油和滤芯更换周期均为7500km，使用机油规格为API SF10W-30。在更换机油时，应按厂家规定执行。如果汽车长期在负荷较重的苛刻条件下工作，机油更换的间隔要适当缩短。如果汽车在一年中行驶里程达不到上述里程时，应每年更换一次机油。如果使用质量较高的机油，换油间隔可适当延长。

更换发动机机油时，还应尽量使用多级油，按车型要求使用合格牌号的机油。

根据发动机机油使用时间和机油状况，确定需要更换机油后，首先要考虑以前使用的机油牌号，如果想更换不同牌号的机油，最好不要将新牌号机油直接加入混兑，因为两种油的基础油和添加剂可能不同，混合后有可能造成机油过早变质失去作用。因此要彻底更换机油，步骤如下所述。

(1) 放旧油　起动发动机使之运转，达到正常的工作温度（80℃以上），然后将发动机熄火，拧下放油螺栓，如图2-10所示，趁热放出油底壳、粗滤器、细滤清器中的旧机油。若放油螺栓带有磁性，应将所吸附的铁屑清除。

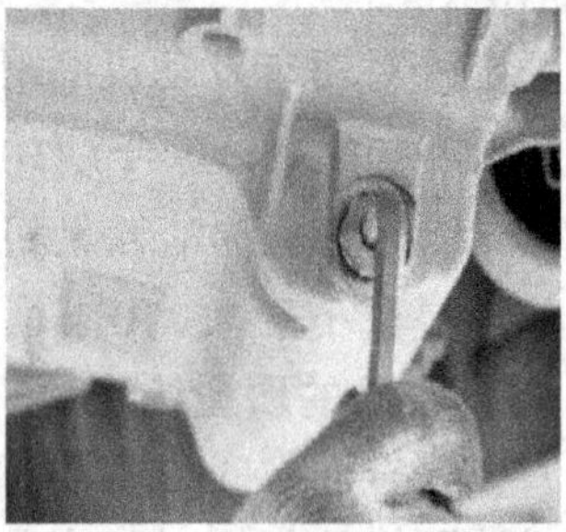

图2-10　拧下放油螺栓

(2) 清洗油道　确保机油放净后，向发动机油底壳内注入新机油，数量应相当于正常量的1/3，然后使发动机急速运转3min左右，再将机油放净。

(3) 加新机油　向发动机加入正常规定量的新机油，如图2-11所示。

(4) 发动机试运转　机油更换完毕后，起动发动机3min左右，同时观察油压、冷却液温度有无变化，如无异常，可正常行驶。

4. 更换机油滤清器

机油滤清器是用来去除机油中的金属碎屑和各种杂质，以免使之进入润滑系统磨损机件，其外形如图2-12所示。

机油滤清器经过一段时间使用之后，滤芯上会聚集许多油泥和金属碎屑，造成滤清器堵塞，阻碍润滑系统正常工作。此时，应更换机油滤清器

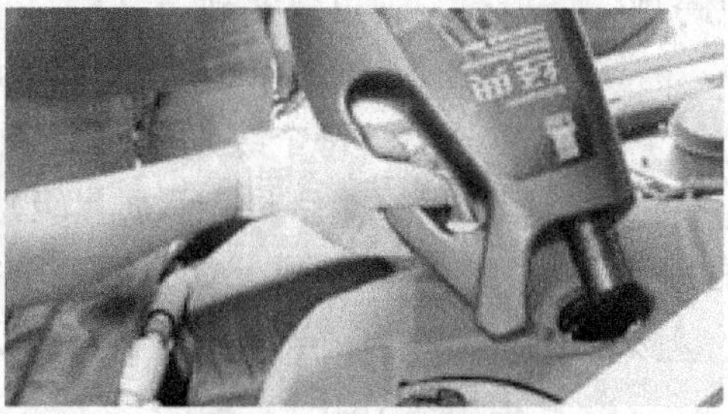

图2-11　加新机油

图2-12　机油滤清器

的滤芯。一般来说，大概每5000km更换了机油，机油滤清器也要更换一次。

现代汽车上，广泛使用全流式机油滤清器，这种滤清器具有滤清效果好、机油流动阻力小和使用方便等许多优点。

这种滤清器的更换作业非常简单。更换前，首先要放掉旧机油，然后按以下步骤进行操作，更换机油滤清器。

(1) 拆下旧滤清器　当油底壳放油螺孔把旧机油放净时，用专用的滤清器扳手逆时针转动卸下机油滤清器滤芯。操作时，注意不要让机油到处淌，以免弄脏发动机和操作的环境。

(2) 安装新滤清器　准备好同样的滤芯，先在滤芯的O形圈上涂抹一层机油，用手安装上机油滤清器，固定好后，再用专用工具顺时针方向拧紧机油滤清器。注意不要用滤清器扳手拧得过紧，以防损坏O形圈，造成漏油。

(3) 试车检漏　安装完毕后，向发动机加注新机油，至规定的液面高度，运行发动机，怠速至少3min，然后检查机油是否泄漏。如有泄漏，应拆检油封胶圈，排除漏油现象。

【技能训练】

1. 区分粘度分类与质量等级分类的发动机机油品种（建议采用实物训练）。
2. 快速检测汽油（或柴油）发动机机油的油品变质情况。
3. 检查、添加或更换发动机机油。
4. 识别各种劣质油品。

【习题2.1】

一、填空题

1. 根据__________分类，发动机机油可以分为单级油和__________两种。单级油是发动机在__________范围内使用的润滑油，如果__________超过指定的范围，单级油将不能提供__________的润滑。__________适用于更

【课堂互动】

大的温度范围，它的粘度变化可以跨越__________，可以实现__________，因此它目前使用范围很广。

2. 按照API（________________）的标准分类，每个级别用两个字母表示。第一个字母表示________________类型，第二个字母表示质量级别。如果第一个字母是“S”，则表示适用于__________发动机，如果第一个字母是“C”，则表示适用于__________发动机。

3. 发动机润滑油，简称__________，它有五大作用：__________、清洗冷却、__________、缓冲减振、__________。其中，主要的作用是__________。

4. 粘度是指流体的__________。油膜是润滑油固有的特性。油膜的__________，一般用粘度来表示。润滑油的粘度即通常说的__________。粘度__________，则说明油厚；粘度小，则说明油__________。

5. 机油粘度太大，流动性__________，起动时输送机油__________，油压__________，但流量小，而使冷起动__________。

6. 发动机机油的质量等级，在国外广泛采用美国汽车工程师学会（SAE）的__________分类法和美国石油学会（API）的____________________分类法。

7. 根据发动机机油的粘度，SAE粘度等级分为5W、10W、20W、20、30、40、50，其中__________表示粘度等级，__________表示粘度越高；字母W代表__________品种。

8. 根据机油的性能和使用场合，美国石油学会（API）将机油分为__________系列与__________系列。每个级别用两个字母表示。第一个字母表示________________，第二个字母表示________________。如果第一个字母是“__________”，则表示适用于汽油发动机；如果第一个字母是“__________”，则表示适用于柴油发动机。

9. 需特别指出的是，机油____________不应提倡，仅作为临时措施。

10. 机油量检查之前的准备工作：一是把汽车停放__________，如果场地__________，将使检查的结果失真；二是至少应该使发动机__________，这一点十分重要。

11. 正常的机油换油行驶里程，一般为________________；如果汽车长期在负荷较重的苛刻条件下工作，机油更换的间隔要适当__________。

二、简答题

1. 发动机机油有哪五大作用？

2. 什么是粘温性？单级油与多级油有什么区别？

3. 按照SAE的分类方法，可分为几个级别的机油？数字与字母分别有什么含义？

4. 如何选择发动机润滑油？使用时，应注意哪些事项？
5. 怎样检查发动机的机油量？怎样更换发动机润滑油？

【课堂互动】

2.2 汽车润滑脂

【本节目标】

- 了解汽车常用润滑脂的品种和性能指标。
- 会正确选用与合理使用常用车用润滑油。
- 会加注、更换车用润滑脂。

【基本理论知识】

2.2.1 汽车润滑脂的特点及组成

润滑脂是在润滑液体里加入稠化剂稠化而成，是稠化了的润滑油。稠化剂在润滑脂中形成如海绵状或蜂窝状的结构骨架，使其成为膏状物质。

它的使用特点是在汽车上不宜用液体润滑剂的部位，使用润滑脂起抗磨、防护和密封等作用。例如汽车上的轮毂轴承、各拉杆球头、发电机、水泵、离合器轴承等，均使用润滑脂。

“黄油即是润滑脂”这句话对吗？反之，“润滑脂就是黄油”，对吗？

汽车润滑脂组成：
- 基础油（矿物油，半合成油）
- 稠化剂（无机型、有机型、皂基型、基型）
- 添加剂（抗氧化剂、缓蚀剂、极压抗磨剂）

基础油是汽车润滑脂中的重要组成部分。润滑脂的润滑性质，取决于基础油的润滑质，所以正确选择基础油是非常重要的。

稠化剂是汽车润滑脂中的重要组成部分。它在润滑脂中形成骨架，将基础油吸附和固定在骨架上，形成胶体。稠化剂的性质和含量，决定了润滑脂的粘稠程度，以及耐水性和耐热等使用性能。

添加剂是指为改善润滑脂某方面的使用性能，而添加的少量物质（如抗氧化剂、耐腐蚀剂等）。若加入极压添加剂，可以提高润滑脂的极压性能；若加入防锈添加剂，可提高润滑脂的防锈性能等。

2.2.2 汽车润滑脂的主要使用性能指标

根据汽车用脂部位的工作条件，对其使用性能的基本要求有触变性、适当的粘稠度、良好的耐热性、极压抗磨性、良好的抗水性、蒸发性、胶体安定性和氧化安定性等。

想一想汽车底盘哪些部件需要润滑脂润滑。

1. 触变性

润滑脂所具有的最基本的特性，就是触变性。当施加一个外力时，润滑脂的流动在逐渐变软，表现粘度降低，但是一旦处于静止，经过一段时间（很短）后，稠度再次增加（恢复），这种特性称为触变性。润滑脂的这种特性，决定了其可以在不适于润滑油润滑的部位润滑，而显示它优良的性能。

【课堂互动】

2. 适当的粘稠度

粘稠度是指车用润滑脂的浓稠程度，可用锥入度（针入度）表示，它是衡量润滑脂软硬程度的指标。锥入度指在25℃下，将一定质量的锥体从锥入度计上释放，锥体在5s内下落后刺入待测样品的深度。锥入度用锥入度计测量，它的最小单位为0.1mm，如图2-13所示。测量时，其刺入深度越大，锥入度越大，表明润滑脂越软；反之，表明润滑脂越硬。

图2-13 锥入度计

3. 极压抗磨性

润滑脂极压抗磨性意义与润滑油一样。润滑脂的极压抗磨性可用强度极限来表示。润滑脂的强度极限是指引起试样开始流动所需的最小切应力，又称极限切应力。润滑脂强度极限是温度的函数，温度越高，脂的强度极限越小，温度降低，脂的强度极限变大，它的大小取决于稠化剂的种类与含量，和制脂工艺条件也有一定的关系。润滑脂的稠化剂本身就是油性剂，因此，车用润滑脂的抗磨性能一般比基础油要好。

为什么对润滑脂要有极压抗磨性的要求？

4. 良好的抗水性

抗水性是指润滑脂在水中不易溶解，不易从周围介质中吸收水分，不被水洗掉等的能力。抗水性差的润滑脂，遇水后稠度下降，甚至乳化而流失。汽车在雨天和涉水行驶时，底盘各摩擦点可能与水接触，要求使用抗水性能良好的润滑脂。

5. 良好的耐热性

润滑脂的温度对其流动性有很大影响，当温度上升，润滑脂变软，熔融时，会从摩擦表面流失而失去润滑作用。因此，润滑脂应具有很强的附着能力，要求在温度升高时也不易流失。汽车润滑脂的耐高温性能可用滴点、蒸发损失和漏失量等指标来评定。

滴点是指润滑脂在规定条件下加热，达到一定流动性时，从脂杯中滴下第一滴油滴的最低温度。润滑脂的滴点，有助于鉴别润滑脂类型和粗略估计润滑脂的最高使用温度。应当注意的是，滴点不是确定润滑脂最高使用温度界限的唯一参数。确定一个润滑脂的最高使用温度界限除滴点外，还应参看高温下润滑脂的稠度、基础油和稠化剂的抗氧化能力、高温下的胶体安定性等参数。一般说来，滴点越高，其耐热性越好。

衡量车用润滑脂低温性能的重要指标之一是低温转矩，即在低温下（-20℃以下）润滑脂阻滞低速滚动轴承转动的程度，润滑脂的低温转矩由起动转矩和转动60min后转矩的平均值表示。

6. 蒸发性

滴点是用来衡量汽车润滑脂的耐高温性能，对吗？

润滑脂的蒸发性（度）表示润滑脂在高温条件下长期使用时，润滑脂油分挥发的程度，蒸发性越小越好。脂的蒸发性主要取决于润滑油的性质和馏分组成。轻馏分越多，油分的蒸发损失越多。

【课堂互动】

7. 胶体安定性

润滑脂的胶体安定性是指润滑脂在一定温度和压力下保持胶体结构稳定，防止润滑油从润滑脂中析出的性能，也就是润滑脂抵抗分油的能力。通常把润滑脂析出油的数量换算为质量分数来表示。润滑脂的胶体安定性，反应出润滑脂在长期储存中与实际应用时的分油趋势，如果润滑脂的胶体安定性差，则在受热、压力、离心力等作用下，易发生严重分油，导致寿命迅速降低，并使润滑脂变稠变干，失去润滑作用。

8. 氧化安定性

氧化安定性是指润滑脂在长期储存或长期高温下使用时，抵抗氧化，保持其性质不发生永久变化的能力。由于氧化，往往发生游离碱含量降低或游离有机酸含量增大，滴点下降，外观颜色变深，出现异臭味，稠度、强度、相似粘度下降，生成腐蚀性产物和破坏润滑脂结构的物质，造成皂油分离。因此，在润滑脂长期储存中，应存放在干燥通风的环境中，防止阳光暴晒，并应定期检查游离碱或游离有机酸、腐蚀性等项目的变化，以保证其质量和使用性能。

为什么每次用完润滑脂后要盖好盖子？

2.2.3　润滑脂的品种规格和使用范围

润滑脂的品种牌号繁多，其分类方法也多种多样。我国习惯上按稠化剂的不同命名。按稠化剂类型的不同分为钙基润滑脂、钠基润滑脂、锂基润滑脂、复合锂基润滑脂；按基础油类型分为矿物油脂、合成油脂；按填充剂类型分为二硫化钼脂、石墨脂；按其他命名分为2号复合锂基脂、3号复合锂基脂、汽车通用锂基脂。

你见过黑色的和粉红色的润滑脂吗？

但使用最多的是按稠化剂的类别来分，目前使用最广泛、最普遍是钙基润滑脂和锂基润滑脂。

1. 钙基润滑脂

钙基润滑脂，俗称“黄油”，桶装外形如图2-14所示。

钙基润滑脂是用天然脂肪酸钙皂稠化中等粘度的矿物油制成的，合成钙基脂是用合成脂肪酸的钙皂稠化中等粘度的矿物油制成的。它具有抗水性好、机械安定性好、易于泵送、价格低等优点，但同时又有耐热性差、寿命短等缺点。

国产钙基脂按工作锥入度（针入度）分成1、2、3、4四个牌号。1、2号使用温度不高于55℃，3、4号不高于60℃。目前，1、2号脂使用最多，3、4号脂用于高负荷、低转速的设备上。合成钙基润滑脂分2、3两个牌号。

图2-14　钙基润滑脂

钙基润滑脂外观光滑，颜色浓黄至暗黄色，特点是不溶于水，但不耐高温，一般工作温度在70℃以下，转速在3000r/min以下的各种滚动轴承和滑动摩擦面间均可使用。农业机械常用的是2、3、4号钙基润滑脂和2、3

【课堂互动】

号合成钙基润滑脂。一般在中等转速、轻负荷和最高温度在50℃以下的部位用2号合成钙基润滑脂；中等转速、轻负荷和最高工作温度不超过60℃的摩擦部位用2号钙基润滑脂或3号合成钙基润滑脂；中等转速，中等负荷和最高工作温度不超过60℃的摩擦部位用2号钙基润滑脂或3号合成钙基润滑脂；中等转速、中等负荷和最高工作温度在65℃以下的摩擦部位用3号钙基润滑脂；低转速、重负荷和最高工作温度在70℃以下的摩擦部位用4号钙基润滑脂。

2. 钠基润滑脂

钠基润滑脂分为2、3、4共三个牌号。钠基润滑脂颜色由深黄到暗褐甚至黑色，特点是耐高温性较好，抗水性较差，遇水起乳化作用。适用于润滑温度较高而不遇水的部位，如离合器前轴承、发动机轴承等。其中2号和3号的钠基润滑脂的工作温度不超过120℃，4号钠基润滑脂的工作温度不超过135℃。

3. 钙钠基润滑脂

钙钠基润滑脂分为1、2两个牌号。特点是具有一定的抗水性及耐高温性。钙钠基润滑脂广泛用于各种类型的电动机、发电机、汽车、拖拉机和其他机械的滚动轴承润滑。1号钙钠基润滑脂工作温度在85℃以下，2号钙钠基润滑脂的工作温度在100℃以下。

4. 锂基润滑脂

锂基润滑脂是由天然脂肪酸锂皂稠化中等粘度的矿物油或中等粘度的合成油制成，而合成锂基润滑脂是由合成脂肪酸锂皂稠化中等粘度的矿物润滑油而成的，如图2-15所示。

图2-15 锂基润滑脂

锂基润滑脂的使用温度高，可长期在120℃下使用，短期在150℃下使用，与其他润滑脂相比有用量少，但寿命长、使用范围广泛的特点。锂基润滑脂包括有汽车通用锂基润滑脂、极压锂基润滑脂、通用锂基润滑脂三类。在汽车、拖拉机上较常用的是汽车通用锂基润滑脂，它适用于－30～120℃下的汽车轮毂轴承、底盘、水泵和发电机等摩擦部位的润滑。

除上述几种润滑脂外，还有用二硫化钼粉以3%～5%的比例加到各种润滑脂里制成的各种二硫化钼润滑脂，用在高速、重负荷、高温及有化学腐蚀工作条件下的润滑部位，均有良好的润滑效果。表2-6是几种常见的润滑脂的性能比较。

GB 7631.8—1990《润滑剂和有关产品（L类）的分类　第8部分：X组（润滑脂）》按应用时的操作条件进行了分类，分类方法是用5个大写字母和一个数字组成命名代号，每个字母和数字在该构成中的书写顺序都

表 2-6　常见的润滑脂的性能比较

【课堂互动】

项目类别	耐热性	机械安定性	抗水性	防锈性	极压性	使用寿命	最高使用温度	价格
钙基脂	差	—	好	—	—	—	65	低
钠基脂	一般	—	极差	一般	—	—	80	低
铝基脂	差	—	差	好	—	—	50	低
通用锂基脂	好	—	好	好	—	—	120	适中
极压锂基脂	好	—	好	好	好	—	120	适中
二硫化钼极压锂基脂	好	—	好	好	好	—	120	适中
膨润土润滑脂	好	—	好	差	—	—	130	较高
复合钙基脂	好	—	好	好	—	—	130	较高
极压复合锂基脂	好	好	好	好	好	—	160	较高
聚脲脂	好	好	好		好	长	—	高

有其特定含义，如图 2-16 所示。

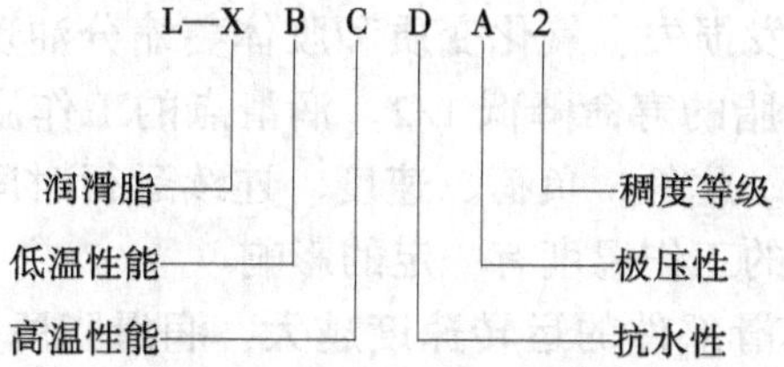

图 2-16　润滑脂代号含义

例：L—XEGHB2 表示低温 -40℃，高温 180℃，在水洗条件下对淡水防锈，极压型，稠度等级为 2。

例如，长城牌高级轿车润滑脂采用复合金属皂稠化精制矿物油，添加高效添加剂制成，是专为高级轿车开发的新型润滑脂。按 GB 7631.8—1990 分类为 L—XCDBB2，它的性能特点如下：

1）具有优良的耐高温性，高温条件下使用寿命长。

2）具有优良的极压抗磨性能，有效减少轴承的磨损。

3）具有优良的抗水性和耐蚀性。

4）高温、高速条件下不甩油、不流失。

技术规格：符合企标 Q/SH303 283—2004。

应用范围：适用于高档轿车轮毂轴承部位润滑，使用温度为 -30～150℃。

2.2.4　润滑脂的选用和使用注意事项

1. 选用润滑脂要考虑的因素

（1）使用功能　要求润滑脂作润滑、密封或防护用，选用满足工作要求相应类型的功能脂。

【课堂互动】

(2) 润滑部件的温度、负荷、速度 工作条件温度高时，选用粘度大的脂；高负荷时，选用极压脂；速度大时，选用基础油粘度较小的脂等。

(3) 寿命（即使用期限） 要求长期不换脂的，选用长寿命脂。

(4) 润滑方式 人工加注的，用粘度稍大的脂；集中泵送润滑的，选用粘度较低的脂甚至半流体脂。

(5) 介质 与水及腐蚀介质接触的，要选用专用脂，如抗水性脂、耐煤油脂等。

2. 润滑脂的选用原则

在选用润滑脂时，首先应明确润滑脂所起的作用，即在润滑减摩、防护、密封等方面所要起的作用。作为减摩用润滑脂，主要考虑耐高低温的范围，负荷与转速等。作为防护润滑脂，主要考虑所接触的介质与材质，着重考虑对金属、非金属的防护性质与安定性。作为密封润滑脂，则应考虑接触的密封件材质与介质，根据润滑脂与材质（特别是橡胶）的相容性，来选择适宜的润滑脂。

润滑脂可以混用吗?

(1) 工作温度 润滑点的工作温度，对润滑脂的润滑作用和使用寿命有很大的影响，一般认为，润滑点工作温度超过润滑脂温度上限后，由于润滑脂基础油对蒸发损失、氧化变质和胶体萎缩分油现象加速，温度每升高 10～15℃，润滑脂的寿命降低 1/2。润滑点的工作温度还随周围环境介质温度变化而变化。此外，负荷、速度、连续运行时间、润滑脂装填多少等因素也对润滑点的工作温度有一定的影响。

(2) 速度 润滑部件的运转速度越大，润滑脂所受的切应力就越大，稠化剂形成的润滑脂纤维骨架受到的破坏作用越大，脂的使用寿命就会缩短。

(3) 负荷 对于重负荷润滑点，应选用基础油粘度高、稠化剂含量高、具有较高极压性和抗磨性的润滑脂。当选用润滑脂时，还要考虑其他因素，不仅仅是只考虑锥入度这个指标。在这里应当特别纠正一种误解，即认为锥入度越小（即越稠）的脂，耐高温性越好。也不能将锥入度理解为同润滑油粘度相当的一个参数，例如，对重载低速的机械需使用较粘的润滑油，而不需要使用较稠的润滑脂，需要使用较软的润滑脂，但脂的基础油的粘度应该大些。

(4) 环境条件 环境条件是指润滑点的工作环境和周围介质，如空气湿度、尘埃和是否有腐蚀性介质等。在潮湿环境或与水接触的情况下，可选用抗水性好的润滑脂，如钙基、锂基。条件苛刻时，应选用加有防锈剂的润滑脂，而不宜选用抗水性差的钠基脂。处在有强烈化学介质的环境中的润滑点，应选用抗化学介质的合成润滑脂，如氟碳润滑脂等。

(5) 其他 除了以上几点外，在选用润滑脂时，还要考虑使用时的经济性，综合分析使用此润滑脂以后是否延长了润滑周期、加注次数、脂消耗量、轴承的失效率和维修费用等。

3. 润滑脂的使用注意事项 【课堂互动】

（1）推荐使用锂基润滑脂 锂基脂外观是发亮的奶油状油膏，滴点高，使用温度范围广，并有良好的低温性、抗磨切性、抗水性、耐蚀性和热氧化安定性，是目前最常用的一种多效能的润滑脂。

（2）保持清洁 加注润滑脂时，应特别注意，涂脂前，零部件必须经溶剂油洗干净并吹干，然后重新加注润滑脂。在更换润滑脂时，不同种类的润滑脂不能混用。新润滑脂和旧润滑脂也不能混合，即使是同类的润滑脂，也不可新旧混合使用。因为在旧润滑脂里，含有大量的有机酸和杂质，将会加速新润滑脂的氧化，所以在换润滑脂时，要把废旧润滑脂清洗干净，才能加入新润滑脂。

（3）用量适当 汽车上轮毂轴承的润滑是十分重要的，而且润滑脂用量也是最多的。更换轮毂轴承润滑脂时，只要在轴承的滚珠（或滚柱）之间塞满润滑脂，而轮毂内腔采用“空毂润滑”，即在轮毂内腔仅仅薄薄地涂上一层润滑脂，起防锈作用即可。这样因易于散热可降低润滑脂的工作温度，又可节约润滑脂用量。不应采用“满载润滑”，即把润滑脂装满轮毂内腔，这样做既不科学，又很浪费，甚至在汽车制动频繁和制动时间过长的情况下，可能会因轮毂过热而使润滑脂流到制动摩擦片表面，造成制动失灵，影响行车安全。

【技能训练】

1. 识别钙基脂、钠基脂、通用锂基脂等润滑脂的品种。
2. 给汽车的轮毂轴承加注润滑脂。

【习题2.2】

一、填空题

1. 润滑脂是在润滑液体里加入____________而成，是____________的润滑油。

2. 润滑脂的使用特点是在汽车上不宜用________润滑剂的部位，使用润滑脂起________、防护和________等作用。例如汽车上的________、各拉杆球头、________、水泵、离合器轴承等，均使用润滑脂。

3. 润滑脂由________、稠化剂、各种________三部分组成。

4. 滴点是指润滑脂在规定条件下________，达到一定流动性时，从脂杯中滴下________的最低温度。润滑脂的滴点，有助于鉴别润滑脂________和粗略估计润滑脂的________。

5. 粘稠度是指车用润滑脂的________，可用________表示，是衡量润滑脂________程度的指标。

6. 抗水性是指润滑脂在水中________，不易从周围介质中________，不被水洗掉等的能力。抗水性________的润滑脂，遇水后稠度下降，甚至乳化而流失。

【课堂互动】

7. 目前使用最广泛、最普遍是________和____________。

8. 钙基润滑脂，俗称“____________”。它具有__________好、机械安定性好、易于泵送、价格____________等优点，但同时又有________、寿命短等缺点。

9. 锂基润滑脂的使用温度________，可长期在120℃下使用，短期在150℃下使用，与其他润滑脂相比有用量少，但寿命______、使用范围________的特点。

10. 加注润滑脂时，应特别注意，涂脂前，零部件必须经__________并吹干，然后重新加注润滑脂。在更换润滑脂时，要注意__________的润滑脂不能混用。新润滑脂和旧润滑脂也不能________，即使是同类的润滑脂，也________新旧混合使用。

11. 更换轮毂轴承润滑脂时，只要在轴承的滚珠（或滚柱）之间________润滑脂，而轮毂内腔采用“____________”。

二、简答题

1. 汽车润滑脂要求具有哪些使用性能？

2. 简述钙基润滑脂、钠基润滑脂、通用锂基脂的特点与使用范围。

3. 简述润滑脂的使用注意事项有哪些？

2.3 汽车齿轮油

【本节目标】

- 了解汽车齿轮油的工作特点和使用性能要求。
- 了解国内外汽车齿轮油的分类方法。
- 能区分不同的汽车齿轮油规格品种和使用范围。
- 会选用和正确使用汽车齿轮油。

【基本理论知识】

2.3.1 汽车齿轮油的工作条件与性能要求

汽车齿轮油用于机械式变速器、分动器、驱动桥和转向器的齿轮、轴承等零件的润滑，起到润滑、冷却、防锈和缓冲的作用，外形如图2-17所示。

1. 汽车齿轮油的工作条件

由于汽车齿轮工作条件比较复杂，主要有两大特点：

（1）接触压力大（2.5~4.0GPa） 齿轮在传动时，齿与齿之间啮合部分的单位压力高达（196~245）×10^4kPa，油膜极易被破坏，而双曲线齿轮单位压力更高达（294~392）×10^4kPa。

（2）油温不很高 齿轮油工作时，由于齿轮工作面不断变换，温度升高不剧烈，所以它的工作温度一般为（65～180℃），但齿轮圆周速度快（5～10m/s），滑动速度高（2～10m/s）。

此外，齿轮油在速度变化大、回转次数多的条件下工作，因而齿轮油易于由齿间的间隙中被挤出，产生半液体摩擦。因此，对汽车齿轮油的要求比较高。

2. 汽车齿轮油的基本性能

对齿轮油的主要要求是在齿与齿之间的接触面上能形成连续坚韧的油膜，即具有高的油性，使传动机件之间维持有韧性的边界油层，保证传动机件磨损小和预防其磨伤。此外，齿轮油还应具有良好的粘温性，以保证动力传动机构的摩擦损耗较小，提高传动效率，保证汽车易于起步（尤其是冬季的起动）。

图2-17 汽车齿轮油

【课堂互动】

英文GEAR OIL是什么意思?

（1）对齿轮油的使用要求　齿轮油要具有良好的润滑性和较高的挤压性；具有适当的粘度（较发动机机油高）和较好的粘温特性；较好的低温流动性、防腐性和抗氧化安定性；良好的抗泡性。

（2）对齿轮油的性能要求　对齿轮油的性能要求主要有粘度、粘温性和抗磨性几项指标。

齿轮油的粘度应使得传动机构工作时，消耗于油内摩擦的能量很少，同时，又能保证齿轮及轴承摩擦面不发生擦伤及噪声，油封及接合面不漏油。

抗磨性是指油品保持在运动部件间的油膜，防止金属与金属相接触的能力。齿轮油的极压抗磨性，可以用油的负荷承载能力来评定。

车辆齿轮油其他指标的意义与发动机机油相同或相似。

2.3.2 汽车齿轮油的规格与分类

1. 国际上齿轮油的分类

目前，国际上采用美国汽车工程师协会（SAE）和美国石油学会（API）的分类标准，来标定齿轮油。

（1）SAE粘度分类　按SAE粘度分类，汽车齿轮油分为7种牌号：70W、75W、80W、85W、90、140、250。W字母代表冬季用齿轮油，它是根据齿轮油粘度达到150Pa·s的最高温度和100℃时的最小运动粘度两项指标划分的，见表2-7。不带尾缀W的为夏季用齿轮油，它是根据100℃时的运动粘度范围划分的。另外，还有多级油，如80W/90、85W/90、85W/140等。

同时符合两个粘度级的齿轮油称为多级齿轮油。如：SAE 80W/90，即表示其低温粘度符合SAE 80W的要求，而高温粘度又符合SAE 90的要求，可以在某一地区全年通用，也可根据当地温度选用。

（2）使用性能分类　按API的使用性能分类法，依据齿轮负荷承载能力和使用场合不同，将齿轮油分为GL-1、GL-2、GL-3、GL-4、GL-5、GL-6等六个等级。

案例：

例如：“API GL-4/SAE80W”

API——国际美国石油学会简称。

GL-4——齿轮油质量级别，适用于双曲线齿轮传动之润滑。

SAE——美国汽车工程师学会简称。

80W——齿轮油粘度，适用于-26℃以上的温度范围。

【课堂互动】

表 2-7 SAE 齿轮油粘度分类表

参数 / 牌号	粘度达到 150Pa·s 的最高温度/℃	100℃运动粘度 mm^2/s 最小	最大
70W	-55	4.1	
75W	-40	4.1	
80W	-26	7.0	
85W	-12	11.0	
90W		13.5	<24.0
140W		24.0	
250W		41.0	<41.0

总之，齿轮油级别可划分：

GL-1、GL-2——低速、低负荷普通车辆用油。

GL-3——中速、中负荷汽车双曲线齿轮油。

GL-4——为低速、高转矩和高速低转矩的汽车双曲线齿轮油。

GL-5——用于高速冲击负荷下为低速、高转矩和高速低转矩的汽车双曲线齿轮油。

解释“API GL-4/SAE 80W”的含义。

以下是一些国外知名的进口齿轮油型号，见表 2-8。

表 2-8 一些国外知名的进口齿轮油型号

性能级别	美孚	壳牌	加德士	埃索	嘉实多	道达尔
GL-4	Mobil GX	SPIRAX G	Thuban GL-4	Gear Oil GP	SMX 80W/90	Energol EP
Gl-5	Mobil HD	Spirax A	Thuban GL-5EP	Gear Oil GX	Multitrax 85W/140	Hypo Gear EP

2. 国产齿轮油分类标准

我国则参照 API 分类法将车辆齿轮油分为普通车辆齿轮油、中负荷车辆齿轮油和重负荷车辆齿轮油三类，分别相当于 API GL-3、GL-4、GL-5，见表 2-9。

表 2-9 我国车辆齿轮油质量分类（GB/T 7631.7—1995）

名　称	组成、特性和使用说明	使用部位
普通车辆齿轮油	精制矿物油加抗氧剂、防锈剂、抗泡剂和少量极压剂组成，适用于中等速度和负荷比较苛刻的手动变速器和弧齿锥齿轮的驱动桥，相当于 API 使用分类 GL-3	手动变速器、弧齿锥齿轮的驱动桥
中负荷车辆齿轮油	精制矿物油加抗氧剂、防锈剂、抗泡剂和极压剂组成，适用于在低速高转矩、高速低转矩下操作的各种齿轮，特别是客车和其他各种车辆用的准双曲面齿轮，相当于 API 使用分类 GL-4	手动变速器、弧齿锥齿轮和使用条件不太苛刻的准双曲面齿轮的驱动桥
重负荷车辆齿轮油	精制矿物油加抗氧剂、防锈剂、抗泡剂和极压剂等组成，适用于在高速冲击负荷、高速低转矩和低速高转矩下操作的各种齿轮，特别是客车和其他车辆的准双曲面齿轮，相当于 API 使用分类 GL-5	操作条件缓和或苛刻的准双曲面齿轮及其他各种齿轮的驱动桥，也可用于手动变速器

近年来，由于进口品牌的齿轮油在国内大量生产并销售，国内市场上出售的齿轮油，基本上都使用国际标准的级别，即SAE粘度分级级别和API质量分级级别。按照国际标准为汽车选用齿轮油，就可以保证汽车使用的要求。旧牌号国产齿轮油与SAE规格、API规格齿轮油的对应关系及使用范围见表2-10。

【课堂互动】

表2-10 旧牌号国产齿轮油与SAE规格、API规格齿轮油的对应关系及使用范围

国产齿轮油	使用范围	相对应的SAE规格（按粘度分类）	相对应的API规格（按质量分级）
20号普通齿轮油	冬季使用于一般汽车的齿轮传动装置上	SAE90	GL-2
30号普通齿轮油	长江以南地区全年，长江以北地区，夏季使用于一般汽车的齿轮传动装置	SAE140	GL-2
22号渣油型双曲线齿轮油	冬季使用于具有准双曲面齿轮传动装置的汽车上	SAE90	GL-3
28号渣油型双曲线齿轮油	夏季使用于具有准双曲面齿轮传动装置的汽车上	SAE140	GL-3
18号馏分型双曲线齿轮油	用于气温在-30～-10℃地区，具有准双曲面齿轮传动装置的汽车上	SAE90	GL-4
26号馏分型双曲线齿轮油	用于气温在32℃以上地区，具有准双曲面齿轮传动装置的汽车上	SAE140	GL-4
13号馏分型双曲线齿轮油	用于气温在-35～-10℃严寒地区，具有准双曲面齿轮传动装置的汽车上	SAE85W	GL-5

2.3.3 汽车齿轮油的正确选用及注意事项

1. 汽车齿轮油的正确选用

齿轮油的正确选用包括：一要根据齿轮类型和工作条件，确定油品使用性能级别；二要根据最低使用环境温度和齿轮传动装置的运行最高温度，来确定粘度级别（牌号）。以此两项指标选用合适的汽车齿轮油。

（1）使用性能级别　主要根据齿面压力、滑移速度和油温等工作条件，而这些条件又取决于传动装置的类型，所以可按齿轮类型和传动装置的功能，来选择使用性能的级别。一般来说，驱动桥主减速器工作条件苛刻，而双曲线齿轮主减速器更为苛刻，所以对齿轮油的使用性能要求更高，应选用更高级别的齿轮油。

为降低用油级别，在汽车各传动装置对齿轮油使用性能要求相差不大的情况下，可选用同一级别的齿轮油。

通常情况下，为保证齿轮的正常润滑，引进车型及进口汽车的驱动桥必须使用重负荷车辆齿轮油GL-5，如北京切诺基、红旗和进口高级轿车用齿轮

【课堂互动】

油。如果主减速器是双曲线齿轮，但负荷较小，不超过2000MPa，齿面滑移速度在1.5～8m/s的车，应选中负荷齿轮油（GL-4），如EQ1090、桑塔纳、夏利等；有些结构化较紧凑的越野车和进口载货车，主减速器虽为螺旋伞齿轮传动，但工作条件也比较苛刻，它们也必须使用中负荷齿轮油（GL-4），如红岩CQ-261、奔驰20206、斯太尔等；采用螺旋锥齿轮和圆柱齿轮驱动桥的国产汽车，可以用GL-3普通车辆齿轮油或GL-4齿轮油，机械变速器用GL-3齿轮油，如CA30A、JN150等。

如果车辆的手动变速器、分动器的齿轮都是圆柱直齿轮或斜齿轮，负荷一般低于2000MPa，转速较快，容易形成流体（轻负荷）或弹性流体（重负荷）润滑油膜，同时各档齿轮交替工作，所以工作条件比主减速器温和，选用含非活性抗磨剂的或少量极压抗磨剂的普通车辆齿轮油，即能满足润滑要求。但为简化用油品种，方便管理，多数汽车制造厂推荐驱动桥和手动变速器用同一种齿轮油。转向机构齿轮传动部分，一般和手动变速器使用同一种润滑油。

目前，GL-3是车辆齿轮油用量最多的一个品种，约占总量的46%；GL-4占35%；GL-5占19%。但近几年来，由于不断引进国外先进车型，对车辆齿轮油要求越来越高，GL-4、GL-5用量也不断增加。

（2）粘度级别的选择　车辆齿轮油粘度级别的选择，主要根据使用环境的最低气温和最高气温。汽车齿轮油的粘度应保证低温条件下的车辆起步，又能满足油温升高后的润滑要求，并考虑汽车齿轮油换油周期长短因素。GL-3的换油周期为4.5×10^4km，GL-4、GL-5的换油周期为5×10^4～6×10^4km。

我国南方地区可选用90号或140号油，东北及西北寒区宜选用80W/90或75W/90号油，其余中部地区宜选用85W/90或85W/140号油。

90——－10℃以上地区全年通用。

140——炎热夏季用油。

80W—90——－30℃以上地区全年通用。

85W—90——－20℃以上地区全年通用。

85W—140——－20℃以上地区全年通用。

对于汽车齿轮油的选择，总结见表2-11。

2. 汽车齿轮油的使用注意事项

车辆齿轮油在使用中性能逐渐劣化，所以应注意以下事项。

1）对车辆齿轮油的更换，通常采用定期更换。一般国产载货汽车行驶2.4×10^4km、乘用车使驶3×10^4～4×10^4km，更换一次齿轮油。南京依维柯汽车每行驶6×10^4～6.5×10^4km，需更换齿轮油。

2）必须严格按车辆使用说明书的规定，正确选用齿轮油。更换齿轮油品种时，要换同等级或更高等级的油品。

3）齿轮油加注要适量。加注量不足，润滑不良，磨损增加；加注过多，增加动力损失，造成密封不良，引起漏油。

【课堂互动】

表2-11 汽车齿轮油的选择表

使用性能级别选择		粘度级别(或牌号)的选择	
性能级别	齿轮类型、工作条件和示例	粘度级别	使用气温范围℃
普通车用齿轮油(GL-3)	工作条件缓和的螺旋锥齿轮主减速器和变速器、转向器(解放CA1091后桥、变速器等)	90	-10℃以上地区全年通用
		80W/90	-30℃以上地区全年通用
		80W/90	-20℃以上地区全年通用
中负荷车用齿轮油(GL-4)	工作条件一般(齿间压力在3000MPa以下,齿间滑移速度在8mm/s以下)的准双曲面齿轮主减速器(东风EQ1090)或要求使用GL-4齿轮油的进口汽车	90(旧18号)	-10℃以上地区全年通用
		旧7号严寒区双曲线齿轮油	-43℃以上严寒区冬季
		85W/90	-20℃以上地区全年通用
重负荷车用齿轮油(GL-5)	工作条件苛刻的准双曲面齿轮主减速器(丰田皇冠等进口轿车)或要求使用GL-5齿轮油的进口汽车	90	10℃以上地区全年通用
		140(旧26号)	重负荷、炎热夏季
		85W/90	-20℃以上地区全年通用

4）不可采取掺兑柴油将齿轮油兑稀，否则会造成齿轮咬伤。

5）注意，双曲线齿轮的驱动桥必须选用双曲线齿轮油，否则会造成齿轮的早期严重磨损。

近年来，随着汽车技术不断发展，许多汽车制造厂商对汽车齿轮油的要求超过这些技术规范。因此，SAE和美国材料试验学会（ASTM）建议用新的等级表示，即MT-1和PG-2。其中MT-1是机械变速器用油，它的质量高于GL-4，改善了热安定性、抗氧性、清净性、抗磨性、密封材料与青铜件的匹配性。PG-2质量要求比GL-5高，用于驱动桥润滑。

节能、环保仍是当今世界范围内汽车发展的主题，车辆中运动部件的摩擦、磨损占全部功率的三分之一，通过改善润滑条件，来改善燃油经济性，已成为当今世界汽车行业研究的课题。齿轮油发展的趋势是低粘度化、多级化和长寿命化。在北美、西欧普遍采用低粘度的多级齿轮油，使变速器、驱动桥齿轮工作处于混合润滑，既有弹性流体动力润滑，又有边界润滑。齿轮油粘度高对弹性流体动力润滑有利，因为油膜厚度大，承载能力高，但粘度高产生的摩擦阻力大，消耗较多动力能源。所以为了节省能源，降低燃料消耗，国外大都选用较低粘度的齿轮油和大跨度的多级油。随着科技发展，油品中加有各种极压抗磨剂、油性剂，以保证齿轮油足够的润滑性能。

为了提高齿轮油的质量，延长换油周期，除了提高基础油的精制程度外，普遍使用了以硫化烯烃为主的硫磷型极压剂，它比硫-磷-氯-锌型极压剂有良好的热氧化安全性、抗磨极压性和耐腐性能，因而适合于更苛刻的工况

【课堂互动】

下使用，并可延长使用寿命。

【技能训练】

1. 叙述国内外车用齿轮油的分类方法。

2. 更换齿轮油。

【习题 2.3】

一、填空题

1. 汽车齿轮油用于__________变速器、分动器、__________和转向器的齿轮、轴承等零件的润滑，起到润滑、________、__________和缓冲的作用。

2. 对齿轮油的主要要求是，在__________之间的接触面上，能形成连续坚韧的__________，即具有高的油性，使传动机件之间，维持有韧性的边界油层，保证传动机件__________和预防其磨伤。

3. 按 API 的__________分类法，依据齿轮负荷承载能力和使用场合不同，将齿轮油分为________、________、________、________、________、________六个等级。

4. 通常情况下，为保证齿轮的正常润滑，引进车型及进口汽车的驱动桥必须使用__________齿轮油__________。

5. 按__________分类，汽车齿轮油分为 7 种牌号：70W、________、80W、85W、90、________、250。

6. 注意，双曲线齿轮的驱动桥必须选用__________油，否则会造成齿轮的__________磨损。

7. 齿轮油发展的趋势是__________、__________和长寿命化。

8. SAE 和 ASTM 建议用新的等级表示，即__________和 PG-2。__________是机械变速器用油；它的质量________于 GL-4。PG-2 质量要求比 GL-5 要________，用于________润滑。

二、简答题

1. 汽车齿轮油的 SAE 粘度级别是如何划分的？

2. 汽车齿轮油的 API 使用性能级别是如何划分的？

3. 如何选择汽车齿轮油？

4. 使用汽车齿轮油时，应注意哪些事项？

2.4 自动变速器油

【本节目标】

- 了解自动变速器油的作用与使用性能要求。
- 了解自动变速器油的组成成分。

- 能区别选用自动变速器油的规格牌号。
- 会检查、更换自动变速器油。

【课堂互动】

【基本理论知识】

近年来，装备自动变速器（自动档）的汽车越来越多。但是，自动挡车在带给人们驾驶乐趣之外，也存在着一些缺点：自动变速器经常会发生故障，而且不容易检修，维修费用也比较高。

自动档与手动档车的主要区别是什么？

除了自然磨损外，大多数自动变速器故障都是由于驾驶人员不正确操作或平时不注意养护引起的。在自动变速器的保养中，变速器油液的选用、检查、添加是非常重要的内容。

2.4.1 自动变速器油的作用与使用性能要求

1. 自动变速器油的作用

液压传动也称为动力传动，是以液体为工作介质，借助于液体的能量来实现动力传递。在液力变矩器与液力偶合器中使用的传动介质称为液力传动油。液力传动油又称为动力传动液（PTF）或动力换档传动液。

自动变速器油（Automatic Transmission Fluid），简称 ATF。是指专用于自动变速器的油液，外形如图 2-18 所示。

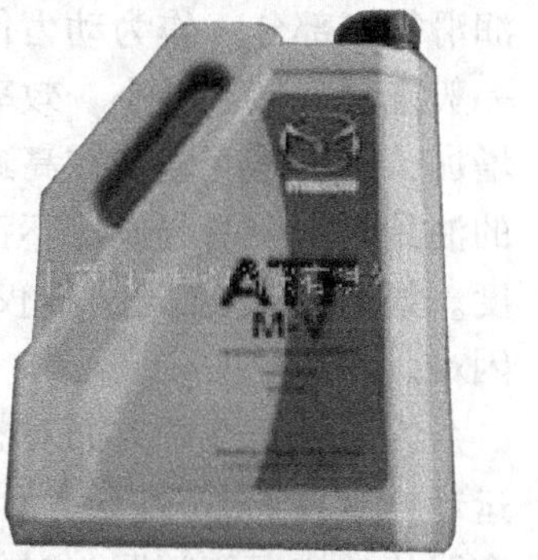

图 2-18 自动变速器油外形图

在汽车自动变速器和扭矩转换器中装有液力变矩器、齿轮机构、液压机构、湿式离合器和涡轮传动装置等，这些机构都用一种润滑油来润滑和传递能量。所以，作为液力传动油，必须具有多种功能和性能。在扭矩变换器中，它作为流体动力能的传动介质；在液压机构中，它作为静压能的传递介质；在摩擦片表面，它也可作为热传递介质，控制摩擦副表面温度，防止烧结；在齿轮机构轮和止推轴承中，它作为润滑介质。

在自动变速器中，ATF 主要有以下作用。

（1）传递动力的作用　ATF 是液压变矩器中的工作介质，通过它将发动机动力传递给变速器。

（2）操纵执行机构的作用　通过电控、液控系统传递压力和运动，完成对各换档元件（离合器与制动器）的操纵。

（3）冷却作用　通过它的流动，将变速器中产生的热量带走，降低工作温度。

目前国内市场上，使用较多的是国内还是国外的自动变速器油？

（4）润滑作用　通过它的流动，可以对行星齿轮机构和摩擦副强制润滑，减少磨损。

（5）清洁作用　通过它的流动，带走磨屑，清洁运动零件，并起密封作用。

【课堂互动】

在发动机油、液压油、齿轮油和ATF中，哪个是配方最复杂、调配最困难的一种润滑剂？

由于ATF不仅是液力变矩器的传动油，也是行星齿轮结构的润滑油和换挡装置的液压油。ATF对自动变速器的工作、使用性能以及使用寿命都有非常重要的影响。因此，要重视对ATF的检查和更换，这是汽车自动变速器保养中的一项重要内容。

2. 自动变速器油的使用性能要求

随着我国进口轿车、合资新型汽车和采用液压传动装置的大型工程机械设备的增加，对ATF油的要求也日益迫切。

在美国通用公司（GM）的DexronII和福特（Ford）公司的Mercon这两种最有代表性规格中，给出了具体的性能指标和要求：即粘度和低温流动性、抗磨性（AW）、热氧化安定性、防腐性、抗泡性、密封材料适应性、储存安定性和摩擦特性。

（1）适当的粘度　ATF油的使用温度范围很宽，为－25～170℃，又因自动变速器的工作对油的粘度很敏感，所以粘度是ATF油量的重要的性质。ATF油的作用分为动力传动介质、自动控制的液压油、齿轮和轴承的润滑等三部分。作为动力传动介质，其粘度对液力变矩器的效率影响极大。一般来说，粘度越小，效率越高。但粘度过小，又会导致液压系统的泄漏增加，特别是变速器在高速工作时，铝制阀体膨胀量大。若使用粘度过小的油品时，会引起换档不正常。ATF油的另外两个作用则要求保持一定粘度。如果粘度过大，不仅影响变矩器的效率，而且还会造成低温起动困难。

为兼顾上述两方面对粘度的不同要求，现在ATF油要求其100℃时的运动粘度在7mm²/s左右，同时还要综合考虑低温起动性、传动效率、离合器片的烧损等问题。对低温粘度也要特别注意，而且还要求ATF油有很高的粘度指数，所以就必须加入粘度添加剂（粘度指数改进剂），这样就又带来了剪切安定性的问题。自动变速器的剪切条件，较发动机更为苛刻，如前所述，因油的粘度变化对自动变速器的特性影响很敏感，如经剪断，油的粘度变化很大，则使变速器工作不稳定，所以规定了ATF油在耐久试验后的最低粘度。

自动变速器油的粘度极限见表2-12。

表2-12　自动变速器油的粘度极限

油　温	新　油	旧　油
100℃粘度（mm^2/s）	≥7	≥5.5
－40℃粘度（MPa·s）	≤4000	≤6000

（2）热氧化安定性　液力传动油的热氧化安定性是使用中的一个极为重要的问题，因ATF油的使用温度高，如热氧化安定性不好，则会导致形成油泥、漆膜、沉淀物，影响自动变速器的性能，甚至堵塞滤油器，造成离合器片和制动片打滑，控制系统失灵等故障的发生。

有关ATF油温的测定尚没有正式的报告。但在一般情况下油温保持在100℃左右，极端条件下可达150℃，而在离合器片表面，其温度可达393℃，在这个温度下存在着严重的油的热变质问题。如发动机油一样，也可以由外部混入异物。虽然ATF油的氧化条件没有发动机苛刻，但在油压操纵的管路中，即使存在着微量的油泥沉积物，也会导致产生制动故障，所以要注意氧化变质的最小允许值。

【课堂互动】

(3) 良好的抗泡沫性　自动变速器油泡沫是自动变速器使用中的严重问题。它不仅影响自动控制系统的准确性，还影响变扭器的性能和破坏正常润滑件，是离合器滑动、烧坏等故障产生的原因。

泡沫的形成主要是气体的掺入和油品中少量的水分在一定温度下蒸发所造成的。气体的掺入的主要原因有：

1) 油泵的吸油道密封不好，在吸油过程中，把气体吸入。

2) 阀孔节流和液压系统在高速溢流时，周围产生低压涡流区，使空气卷入油中形成气泡。

3) 油泵吸油管道周围的油被吸入油泵后，吸油管外围的油受粘度的影响，油的流速变大，使油面不能保持成水平状，因此，在油面上出现凹穴。当凹穴和油一同流动时，凹穴被油包围起来，形成气泡而进入油路中。

4) 机械搅拌而产生的泡沫，在低传动比的变扭器中，泵轮和涡轮间有较大的转速差。在变速器处于低档和倒档时，前后制动鼓之间也存在着较大的转速差。这些转速差都是产生泡沫的原因。

自动变速器油产生泡沫，对传动系统危害极大，这是由自动变速器油工作性质所决定的。目前普遍采用的结构变扭器和变速器是由同一油路系统供油的。因此它既是变扭器传动功率的介质，又是变速器自动控制和润滑冷却的介质。

为了提高ATF的使用性能，往油中加入了清净分散剂、油性剂、极压剂等各种添加剂，这些添加剂是不是加得越多越好？

不同的工作介质对油的要求不同，有的甚至是相互矛盾的。对变扭器来说，粘度越小，效率越高，可对液力控制系统来说，由于粘度过小，泄漏增加，会导致控制失灵。但对油在工作过程中不起泡沫的要求却是一致的，因为泡沫可导致变扭器传递功率下降。泡沫的可压缩性还可导致液压系统压力波动和油压下降，严重时还可使供油中断。油中混入大量空气，实际是减少了润滑油量，这些气泡在压缩过程中，温度升高，又加速了油品老化，影响了油品使用寿命，还使机件早期磨损。

为了防止泡沫的产生，广泛地使用了抗泡沫添加剂。它的主要作用是降低油品的表面张力，使气泡迅速溢出油面，从而减少了泡沫的形成。常用的抗泡沫剂是烷基硅氧烷类（也称硅酮类）。国产各种油品中一般加极少量二甲基硅油（T—901），一般在5~20ppm（百万分之一），加入后不但有好的抗泡沫作用，同时对油品的热稳定性和清净分散性都有明显的提高。

(4) 好的抗磨性能　在自动变速器中使用了很多诸如星形齿轮一类的构

【课堂互动】

件，为满足其润滑的需要，油要有好的抗磨性能。抗磨性还和离合器传动、自动变速器的寿命及特性有关。在液力传动油的规格中，是用四球式摩擦试验机的试验结果来表示的，国产8号液力自动传动油规定其四球机临界负荷（p_B）不小于800N。美国福特汽车厂的M_2C_{33}—F（TYPEF）型汽车ATF油的抗磨性也是用四球机试验表示。用新油和试验8000个循环（泵试验台）后的油，在四球机上以600r/min、负荷400N、试验2h后，球上磨斑直径要小于0.45mm。

（5）与橡胶密封材料的作用小　关于要与橡胶密封材料相匹配的问题，主要是自动变速机构中多使用丁腈橡胶、丙烯橡胶、硅橡胶等作密封材料，在油的作用下，不能有明显的膨胀和收缩。如果这一点考虑不好，将会产生漏油及其他危害。

（6）良好的摩擦特性（换档性能）　摩擦特性是一个复杂的和涉及面最广泛的综合平衡性能，它包括换档时间要短、热车不掉档和换档平稳、不打滑脱档，还包括动力矩负荷（离合器转换力矩的能力）、静态分离（汽车停止时真正的最大离合能力）、摩擦界面寿命等等。与摩擦特性有关的常见问题是振动、打颤、摩擦因数增大而使金属间发出“嘎嘎”尖叫声。另一个问题是打滑，也就是摩擦表面被磨光，造成离合器啮合时间延长以及失灵。

GM Dexron-Ⅲ是什么汽车公司的专用自动变速器油？

Ford MERCON是汽车公司的专用自动变速器油？

（7）防腐（防锈）性能良好　防腐性是对钢铁和非铁金属而言。生锈及铜腐蚀是我们日常所关心的两个重要问题。在传动装置和冷却器中安装有铜接头、黄铜轴瓦、黄铜过滤器、止推垫圈等部件均含有大量黄色金属，因此，青铜、纯铜的氧化腐蚀是一个值得关注的特殊问题。

（8）储存安定性优良　良好的储存安定性是指含有多种添加剂混合组分的ATF油，在一定温度范围时间内，不产生化学反应，且没有分解，其相容性好。显然这点是非常有必要的。

2.4.2 自动变速器油的组成、分类及选用

1. 组成

自动变速器油像许多其他油品一样，也是由基础油和添加剂所组成的，但对于各添加剂间的相互作用及对油品性能的影响，要求非常严格，也是相当复杂的，这给ATF配方的研制增加了相当大的困难。

自动变速器油（ATF）常用的添加剂见表2-13。此类油的发展趋势是要有较好的氧化安定性和较长时间的油性作用。由于既要作润滑剂、冷却剂和抗磨剂，又要在复杂的液压控制系统中作传递动力的介质，要求在−40～170℃范围内工作，故液力传动油多采用溶剂精制和加氢精制的基础油。加入粘度指数改进剂、抗氧剂、油性剂、极压剂、抗泡剂、防锈剂、清净分散剂、金属钝化剂和抗橡胶溶胀剂等调和而成，其组成的复杂程度超过了一般的润滑油。

ATF油特有的添加剂是抗橡胶溶胀剂和摩擦调整剂。

表2-13　自动变速器油（ATF）常用的添加剂

添加剂类型	成　分
抗氧剂	二硫磷酸盐,烷剂酚,芳香胺
清净分散剂	金属磺酸盐,烯基丁二酸酰胺,烷基硫的磷酸盐
金属钝化剂	二硫代磷酸锌,烷基硫代物,有机氯化物
粘度指数改进剂	聚异丁烯,聚甲基丙烯酸酯,聚正丁基乙烯基醚
抗磨剂	二烷基二硫代磷酸锌,磷酸酯,有机硫氯化合物,胺类
防锈剂	十二烯基丁二酸盐,咪唑啉盐,金属磺酸盐,胺
防腐剂	二硫代磷酸锌,高碱性金属碘酸盐
抗泡剂	硅油
抗橡胶溶胀剂	磷酸酯,芳香烃化合物,氯化烃类
油性剂	脂肪酸,酰胺,豚脂,硫化鲸鱼油,磷酸酯

【课堂互动】

讨论一下：PTF—1、PTF—2和PTF—3三类油的各自用途。

要达到GM型（通用汽车公司规格）ATF油所要求的摩擦特性，必须加入摩擦改进剂（油性剂）。美国一直是使用硫化鲸鱼油。

ATF的抗磨性是由液体粘度因素（基础油提供）和抗磨剂共同实现的。从而保证ATF的弹性流体动压润滑和边界润滑的性能。一般基础油粘度越高，抗磨性越好。由于ATF的使用粘度低，抗磨性主要是添加剂起作用。满足自动传动设备和工业设备要求抗磨剂主要为含硫、磷的化合物。如二烷基二硫代磷酸锌（Z. D. D. P）、有机磷酸酯、亚磷酸酯及它们的混合物。在选择合适的抗磨剂时，必须考虑热氧化安定性。许多Z. D. D. P化合物表现出极差的热氧化安定性，它的分解产物将对腐蚀性、摩擦特性、密封材料适应性、颜色、控制阀的正常操作产生影响。

影响ATF热氧化安定性的主要是基础油。石蜡基基础油通常比环烷基好，亚磷酸酯或磷酸酯的氧化安定性比Z. D. D. P好。一般情况下加入小于1%的芳香胺便可满足要求。另外，由于传动装置中的金属（主要是铁）的催化作用，扭矩传动离合器表面呈现的高温，将产生油泥或沥青质等产物，还需加入清净分散剂以保护传动设备的清洁。通常是琥珀酸胺型，加剂量很大，约在2%～3%。

ATF中使用的两种抗腐蚀剂是用于钢铁金属防锈的长链胺、琥珀酸或其半酯和非铁金属防腐蚀的噻二唑、苯三唑及其衍生物或其他含氮杂环化合物。两者加量均小于0.5%。ATF所用的抗泡剂通常是高粘度的硅化物。因其属非油溶性化合物，所以要特别注意加剂量，一般在5～10ppm。

基础油对密封材料适应性的影响很大，环烷基的基础油使密封圈（特别是丁腈橡胶类）膨胀。而在石蜡基、加氢裂解合成型基础油中，必须使用密封材料溶胀剂，才能使密封圈能得到足够的膨胀。此类添加剂主要是芳香族化合物、磷酸酯等。在ATF中加剂量约0～3%抗磨剂，如磷酸酯或二烷基二硫代磷酸锌，在长时间高温加热情况下，对硅橡胶类密封圈非常有害，含氟橡胶受琥珀型分散剂侵蚀严重。因此ATF油的氧化安定性、抗磨性、清净性，都与密封材料适应性有关。

【课堂互动】

通用、福特等汽车公司车辆的自动变速油能混用吗？为什么？

ATF的摩擦性是目前为止最苛刻和最难实现的一种性质，它是利用极性化合物分子在金属表面的吸附来控制的。短而粗的极性分子，如短链的羟酸、胺和二醇类易于产生粘滑现象，使自动传动装置离合齿轮换位时产生振动和声响；而长链的极性物质，如摩擦改进剂，易于产生平稳移动，无粘滑现象产生，例如长链烷基胺、羧酸、亚磷酸、磷酸酯、硫代磷酸酯、酰胺、亚胺等。这类添加剂通常的加剂量小于1%。其他添加剂，如抗磨剂、清净剂、分散剂等都与摩擦改进剂“争夺”传动装置的摩擦表面，以致影响其摩擦性能及耐久性。这里特别指出氧化作用不仅会产生短链的酸，而且还破坏摩擦改进剂的作用，因羧产生的油泥和沉积物会破坏传动装置的摩擦特性，因此抗氧性能对保护摩擦表面是有益的。

2. 分类及适用

（1）国外自动变速器油的分类及适用　美国材料及试验学会（ASTM）和石油学会（API）的分类方案是将自动变速器油分PTF—1、PTF—2和PTF—3三类，见表2-14。

表2-14　自动变速器油的分类

分类	使用范围	相应规格
PTF—1	轿车、轻型卡车的自动传动装置	通用汽车公司Dexron IID、IIE、III 福特汽车公司Mercon、New Mercon、MerconV
PTF—2	重负荷功率转换器，卡车、负荷较大的汽车自动传动装置、多级变矩器和液力偶合器	埃里森公司Allison C-3、Allison C-4、SAE J1285-80
PTF—3	农业及建筑机械的分动箱传动装置，液压、齿轮刹车和发动机公用的润滑系统	约翰狄尔公司J-20B、J-14B、JDT-303 福特汽车公司W_2C_1A

PTF—1类油主要用于轿车和轻型货车的液力传动系统。其特点是低温性能好，对油的低温粘度及粘温性有很高的要求。PTF—2类油主要用于重负荷的液力传动系统。如重型货车，大型客车、越野车和工程机械的自动变速器，其特点是适于重负荷下工作，对极压抗磨性的要求很高。PTF—3类油适于在中低速下运转的拖拉机及野外作业的工程机械液力传动系统和齿轮箱中使用，其极压抗磨性和负荷承载能力比PTF—2类油的要求要严格。

目前，世界各国普遍使用的自动变速器油，主要有通用公司Dexron规格、福特公司Mercon规格、阿里森公司重负荷传动液Allison C规格、卡特皮勒公司的分动箱传动液TO规格等。

（2）国内自动变速器油的分类　我国自动变速器油也称作液力传动油。目前尚未制定其详细分类的国家标准，现有产品，按中国石油化工总公司企业标准，有6号普通液力传动油和8号液力传动油两种；另有一种拖拉机液力传动、液压两用油。

8号液力传动油（Q/SH003.01.11—12—88）是以润滑油馏分经脱蜡、

深精制并加入增粘、降凝、抗氧、防腐、防锈、油性、抗磨、抗泡等多种添加剂而制成的液力传动油，外观为红色透明体，适于各种具有自动变速器的汽车。它接近于 PTF—1 级油。6 号普通液力传动油适用于内燃机车、载货汽车液力变矩器，它接近于 PTF—2 级油。

【课堂互动】

2.4.3 自动变速器油的使用注意事项

自动变速器油的型号很多，各国的用油规定也不同，一般应按汽车使用说明书的规定选用。

自动变速器油的型号不同，其摩擦因数也不同。因此，既不能错用，也不能混用。如果规定使用 Dexron Ⅱ型自动变速器油而错用了福特 F 型自动变速器油，会使自动变速器发生换档冲击和制动器、离合器突然啮合的现象；反之，规定用福特 F 型自动变速器油而错用了 Dexron Ⅱ型自动变速器油，则会出现自动变速器的离合器、制动器打滑，加速摩擦片的早期磨损。

自动变速器油的使用注意事项如下：

（1）保持油温正常　长时间重载低速行驶，将使油温上升，加速油的氧化变质，将形成沉积物和积炭，阻塞细小通气孔和油液循环的管路，使变速器进一步过热，最终导致变速器损坏。

（2）经常检查油面　车辆停在平地上，发动机保持运转，油应在正常工作温度下，此时油平面应在自动变速器量油尺上下两刻线之间，不足时应及时添加。

自动变速器油面过高或过低有什么危害？

（3）按车辆说明书操作　更换液力传动油和过滤器（或清洗滤芯），同时拆洗自动变速器油底，并更换其密封垫。每行驶 3×10^4km 更换油液。

（4）避免油液混用　不同的品牌的油液不允许混合使用。

（5）检查油液状况　在手指上抹上少许油液，用手指互相摩擦看是否有渣粒存在，并从量油尺上嗅闻油液气味，通过对油液的外观检查，可反映变速器部分问题。

总之，在使用自动变速器油时，建议按照下列方法选用。

- 一般小轿车的自动变速箱都选用符合通用汽车公司 Dexron 规格的汽车自动传动液，常用的有 Dexron Ⅱ D 油，电动控制的要用低温性能优良的 Dexron Ⅱ E 油，最新规格为 Dexron Ⅲ，适用于高档小轿车的自动变速箱，也可用福特汽车公司的 New Mercon 规格的油。
- 重负荷车辆的自动传动箱要用 Allison C-3 或 C-4 规格的油。卡特皮勒公司生产的大型卡车、挖掘机和矿山机械的自动变速箱要求用分动箱传动液 Caterpillar TO-4 规格的油品。

2.4.4 自动变速器油的检查与更换

1. 自动变速器油的检查

（1）液位的检查　汽车行驶 2×10^3km 后，应检查自动变速器的油量，不足时应进行补充，其检查方法如下所述。

【课堂互动】

1）将汽车停放在平坦的地面上。

2）起动发动机，让汽车运行15min，使自动变速器油达到正常工作温度（约80℃）。变速器油泵是否处于工作状态和变速器油受热后膨胀都会对油面高度产生影响，因此检查自动变速器油面高度时，应使发动机处于怠速。

3）发动机怠速时拨动选档杆，短时间地进入各操纵档位，让离合器和伺服机构都充满自动变速器油，无异常情况后将选档杆移至“N”或“P”档位。

4）在发动机怠速下，把加油管口盖周围清理干净，确保无脏物进入自动变速器油。然后，拨出油尺，用干净的纸擦净油尺，再把油尺放回原位。

5）再把油尺取出检查，液位在油尺上热区“HOT”（允许的热油最高液位和最低液位之间）为正常，如图2-19所示。若超过最高液位（FULL或HOT MAX），则可插一根软管到加油管中，另一端固定一吸油枪，以排除过多的自动变速器油，或拧松放油螺母放出少许油液，然后使发动机在怠速，选档杆在“N”或“P”档位再检查一次。若低于最低液位（ADD或HOT MIN）则要停机，等油液温度与环境温度相同时，再添加。此时，液位应在冷区COOL（允许的冷油最高液位与最低液位之间）即在“COOL MAX”与“COOL NIN”之间，但冷区液位高度只能作为参考，需重新加热后，再进行检查。

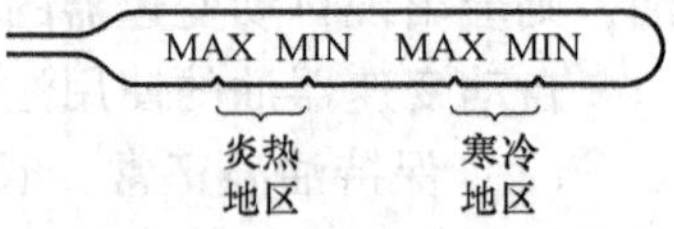

图2-19 ATF油尺

自动变速器的油量，必须符合标准。若油面低于标准，油泵会吸入空气，导致空气混入工作液，降低液压系统的工作压力，使各控制滑阀和执行元件动作失准，操纵失灵，致使离合器、制动器的摩擦材料早期磨损，同时还会加速自动变速器油的氧化变质。

当油面过低时，说明油量不足。这样，运动件就得不到充分可靠的润滑，有可能因过热而引发运动件卡滞及产生噪声。当油面过高时，会由于机械搅拌而产生大量泡沫，这些泡沫进入液压控制系统，会引发与油面过低而产生的同样问题。在坡路上行驶时，由于过多的油液在油底壳中晃动，可能从加油管往外窜油，容易引起发动机罩下起火。

（2）自动变速器油的质量检查　正常的自动变速器油液颜色应是清澈略带红色，且无异味。如果使用不当，容易出现油液变质，因此，必须加强对油液品质的检查。油液品质的检查，可用检测仪器进行检查。如无检测设备时，也可从外观上来判断，如用手指捻一捻油液，感觉一下粘度，用鼻子闻一闻有无特殊的气味。若发现油液变质，应及时换用新油。对自动变速器油的质量进行检查，可以提供自动变速器的故障线索，为其维护和修理提供依据。

检查自动变速器油的质量，通常以其颜色，成分和气味来进行分析。为提取油样，以便观察油样，应当起动发动机，把油尺拉出，用清洁、不起毛的擦布擦净，再插入油中。然后拉出油尺，将油尺上的油液，滴在干净的白纸上，仔细观看油样的颜色和气味，并把结果和下列情况进行比较，分析故障，见表2-15。

【课堂互动】

表2-15 自动变速器油的油品变化与原因

油样状态	引起故障的原因	排除故障
清晰且颜色正常	表明自动变速器机械状况良好	没有故障
呈棕褐色，但闻不出烧焦的糊味，也不含颗料	表明自动变速器油已过期	应更换自动变速器油和滤清器滤芯
呈暗棕褐色，而且较脏，含有固体颗粒，并带有烧焦的糊味	表明变速器一直过热，而且，内部有机件损坏，对所含颗粒进行检查，黑色颗粒是离合器或制动带的材料，而银白色带闪光的颗粒是隔套或止推垫圈的材料	不管是哪一种情况，均须拆下油底壳进一步检查并进行处理
呈黑色，有强烈的烧焦味，也有固体颗粒，油尺上还有黑色发亮的迹点	通常是表明自动变器过热已久，或离合器、制动带、单向离合器已烧坏	应全部拆开自动变速器进行检查和大修
呈乳状、粉红色	是受水污染，即有水从自动变速器加油管或通气管进入	应更换自动变速器油
油样中好像加了油漆，亮且呈黑褐色、发粘	是由于加油过多或过热，油被氧化变质	也应该更换自动变速器油

2. 自动变速器油的更换

为了保证自动速器的性能，必须定期更换自动变速器油，不同品牌的自动变速器油的换油里程或时间间隔相差很大。国产品牌一般要求正常行驶 1×10^4km 或1年，就要将油全部更换。如负荷大，换油间隔还要缩短，各汽车生产厂的要求也不一样。进口汽车正常行驶 $2\times10^4\sim4\times10^4$km，或者停车超过1年时，均应将自动变速器油液全部更换。如凯迪拉克轿车用 TURBO HYDRA MATIC 自动变速器，它使用 DEXRONⅡ型自动变速器油，规定换油里程为 1.6×10^4km，如使用条件恶劣，载荷大时，换油里程为 8×10^3km。

换油时，首先要注意品牌。目前国内品牌的自动变速器油有8号和6号自动传动油，在无规定的品牌时可用22号透平油代替。国外品牌有美国的 DEXRON 型和 DEXRONⅡ型（GMC 标准），欧洲的除 DEXRON Ⅱ型外，还有 ESW—M2C—33E/F 型（FORD 标准），德国和日本也是推荐使用 DEXRONⅡ型自动变速器油。

自动变速器油的更换方法如下所述。

（1）放掉旧自动变速器油　放油前，先行驶车辆，使自动变速器油预热到正常工作温度（70～80℃），以便降低油的粘度（确保油内杂质和沉淀物，随油一起排出），然后停车熄火，将汽车停放在水平路面上，选档操纵手柄拨至停车档（P）位置，并拉紧驻车制动器。

【课堂互动】

拆下自动变速器油底壳上的放油螺塞，将油底壳内的油液放净，视情况拆下油底壳。

彻底清洗油底壳和过滤器滤网，并将自动变速器油冷却器用汽油冲洗干净。

再将油底壳和放油螺塞装好。

(2) 加注新的自动变速器油 加油时，先从自动变速器加油口，注入规定牌号的自动变速器油至规定的油面高度（因加入的是新油，温度较低，油面高度应在油尺刻度线的下限附近）。

起动发动机，在发动机怠速运转情况下，移动选档操纵手柄，经所有档位后，回到停车档（P）位置，此时如果油面低，应继续加油至规定油面高度。

让汽车行驶至发动机和自动变速器达到正常工作温度，再次检查热状态时，油面高度是否在油尺刻度线的上限附近，并调整油面高度。如果加油时，不慎使油面高于规定的高度，这时不应勉强使用，而应该拧开放油螺塞进行放油；如没有放油螺塞，可从加油口处用吸管或其他器具吸出。

【技能训练】

1. 叙述自动变速器油的作用。
2. 叙述国内外自动变速器油的品种和适用范围。
3. 检查自动变速器油的油位与油品质量。
4. 更换自动变速器油。

【习题 2.4】

一、填空题

1. 液力传动也称为________传动，是以________为工作介质，借助于液体的能量来实现__________。在__________与液力耦合器中使用的传动介质称为液力传动油。液力传动油又称为__________或动力换档传动液。

2. 作为液力传动油，必须具有多种________和性能。在扭矩变换器中，它作为流体动力能的__________；在__________中，它作为静压能的传递介质；在摩擦片表面，液力传动油也可作为__________介质，控制摩擦副表面温度，防止烧结；在齿轮机构轮和止推轴承中，它作为__________介质。

3. 抗泡沫添加剂的主要作用是降低油品的__________，使__________迅速溢出油面，从而减少了______________。

4. 美国材料及试验学会（ASTM）和石油学会（API）的分类方案是将液力传动油分为________、__________和__________三类。

5. PTF—1 类油主要用于__________的液力传动系统。其特点是低温性能________，对油的低温粘度及粘温性有很________的要求。

6. 把油尺取出检查，液位在油尺上________区“________”，允许的热油最高液位（FULL）和____________之间为正常。若超过最高液位（FULL或HOT MAX），则可插一软管到加油管中，另一端固定一吸油枪，以____________的自动变速器油。

【课堂互动】

7. 8号液力传动油外观为____________，适于各种具有________变速器的汽车。它接近于_________级油。

8. 常用的自动变速器油的规格有________公司生产的Dexron、Dexron I、________型和福特公司生产的E、________型。我国的部分国产汽车和进口汽车，多用________公司生产的____________型和____________公司生产的F型自动变速器油。

9. 正常的自动变速器油液颜色应是__________________，且无__________。

二、简答题

1. 自动变速器油有哪些作用？
2. 国外及国产自动变速器油的分类和适用范围如何？
3. 怎样检查自动变速器油的油位。油位过低，过高有何危害？
4. 怎样通过自动变速器油的颜色，来判断自动变速器的故障？

【阅读材料】 国内外车用润滑油企业简介

你知道中国润滑油网址 http://www.clube.com 吗？

润滑油行业是石油和化工行业的重要组成部分，与国家宏观经济形势以及汽车、机械、交通运输等行业的发展息息相关。

近年来，在市场经济的作用下，市场逐步向规范化发展，形成了目前三分天下的市场格局：

一是中国石化和中国石油润滑油企业，以其资源、技术和品牌优势占据中国润滑油市场近60%的市场份额。

二是以壳牌、埃克森美孚、BP和嘉实多为代表的跨国润滑油企业，以其品牌的影响力占据了大约20%的市场份额。

三是以统一为代表的地方民营润滑油企业，以灵活的经营机制和强烈的品牌意识，已在市场上形成了不可小视的竞争能力。

虽然国际润滑企业以其品牌的绝对优势占据了国内高端润滑油市场，并保持着近80%的市场份额，但国内润滑油企业已不甘于停留在中低端市场，越来越多的汽车企业开始和国内润滑油企业结成战略合作伙伴。例如，长城润滑油已经成为一汽大众等汽车企业的装车油和服务站用油，并获得保时捷、BMW、戴克等公司的认可；昆仑润滑油也通过了奔驰、宝马、沃尔沃等世界顶级汽车生产厂家的质量认证，相继成为一汽大众等汽车厂商和德国顶级大功率柴油发动机道依茨发动机的装车、服务指定用油。

1. 国内著名润滑油企业简介

(1) 北京统一石油化工有限公司　北京统一石油化工有限公司成立于1993年，以生产“统一”牌润滑油系列产品享誉市场，是国内拥有较大规模和影响的润滑油专业制造商。

【课堂互动】

请上网查询一下昆仑“天元”、“天润”、“天籁”润滑油的应用范围和API级别。

“统一”商标被国家工商总局批准认定为“中国驰名商标”及“全国重点保护商标”。“统一”的商标如图2-20所示。

图2-20 统一润滑油商标

目前世界知名的润滑油品牌，包括国内的中石化长城、中石油昆仑等，几乎全部拥有上游资源的支撑，然而统一却没有。随着发展壮大，其基础油主要依赖于进口成为其进一步发展的瓶颈。2006年9月，壳牌中国控股私有有限公司宣布，购买“北京统一石油化工有限公司”和“统一石油化工（咸阳）有限公司”75%的股份。通过此次收购，使得壳牌成为中国润滑油市场排名第一的国际能源公司，壳牌在中国润滑油市场的份额位居第三。同时，也解决了统一石化资源的问题，统一还可以从壳牌吸收先进的管理经验，从而拓展自身供应链。

（2）中国石油润滑油公司　中国石油润滑油公司，成立于2000年12月19日，是中国石油天然气股份有限公司的直属企业，集生产、研发、销售、服务于一体的专业化润滑油公司。

中国石油润滑油公司的多种产品，先后获得美国石油协会（API），戴姆勒-克莱斯勒（Daimler Chrysler），宝马（BMW），大众（VOLKSWAGEN AG），沃尔沃（Volvo），康明斯（Cummins），德国曼（MAN），西门子（SIEMENS），通用（GM）等国际知名企业的认可。同时分别被一汽集团、上汽集团、东风汽车公司、江淮汽车、哈飞汽车、吉利汽车、中国重汽、徐工集团、龙工集团、临工集团、宗申摩托、建设摩托、力帆摩托等多家汽车及设备OEM生产厂商选为装车与服务用油。

中国石油润滑油公司生产的昆仑产品获国家免检产品殊荣。“昆仑”已经成为中国名牌和中国驰名商标。昆仑润滑油的商标如图2-21所示。

图2-21 昆仑润滑油商标

标识颜色为红色和黄色，取中国国旗基本色，并体现石油和天然气的行业特点。标识整体呈圆形，寓意中国石油国际化的发展战略。十等分的花瓣图形，象征中国石油主营业务的集合。“昆仑”标志设计以“日出昆仑”为设计主题，融合“昆仑”品牌和“润滑油”产品的概念。

你知道中国长城润滑油公司网址（http://sinolube.sinopec.com）吗?

（3）中国长城润滑油公司　中国石油化工股份有限公司（Sinopec）长城润滑油公司（以下简称长城润滑油公司），是中国石油化工股份有限公司下属的直属企业，成立于1982年，是国内集生产、研发、储运、销售、服务于一体的高档润滑油专业化公司，也是亚洲最大、世界上第四大润滑油公司。公司拥有“长城润滑油”这一“中国驰名商标”，“中国名牌”，它的注册商标如图2-22所示。

图2-22 长城润滑油商标

长城润滑油除满足国家标准外，还符合国际标准化组织（ISO）、美国石油学会（API）、欧洲汽车制造商协会（ACEA）等多种特殊规格标准的要求，并有多个产品通过大众、宝马、奔驰、沃尔沃、雷诺、康明斯、丰田等世界著名汽车制造商的技术认证，成为中国一汽、东风、上海通用、上海大众、首钢、宝钢、北汽福田、山推集团、时风集团、广汽丰田等大型集团公司的首选专用油品。

【课堂互动】

请讨论一下统一与壳牌润滑油公司合作的利弊。

2. 国外著名品牌润滑油企业简介

随着我国汽车行业的发展，润滑油市场作为汽车后市场的一部分，也逐步形成了进口品牌与国产品牌两大阵营。

进口润滑油品牌自从进入国内以来，以其品牌效应的主力产品抢占了高端市场。目前，中国润滑油市场中，20%的高端市场占了80%的利润，其中又有80%是被国外品牌所垄断。当中，最有市场竞争力的就是壳牌、美孚、BP等公司。

（1）壳牌润滑油公司　壳牌的创始人是赛缪尔·马克思，他将运往远东的煤油冠以了“壳牌”这个商标。壳牌的注册商标如图2-23所示。

醒目的红黄双色贝扇标志着赛缪尔的公司过去是从事贝壳装饰品贸易。

图2-23　壳牌商标

壳牌在中国发展业务已超过一百多年。在19世纪90年代初，壳牌运输贸易有限公司便已开始把煤油输入到中国，并在香港、上海、广州和厦门建立油库。随着中国对外开放政策的实施，壳牌先后于1985年及1987年在深圳经济特区设立了两个合资油库。此后，壳牌在中国更加积极投资，目前，已在多个省市发展广泛的业务。

（2）埃克森美孚石油公司　埃克森美孚石油公司总部位于美国德克萨斯州，是世界上最大的跨国石油公司之一，它成立于1866年，在全球100多个国家开展了业务，Mobil（美孚）产品行销全世界，以性能和创新而著称。

美孚同中国的关系可以追溯到一个多世纪以前。早在19世纪90年代，美孚率先在中国销售用于点灯和燃炉的煤油。美孚灯在当时十分畅销。美孚的商标如图2-24所示。

图2-24　美孚的商标

目前，埃克森美孚参与中国能源领域诸多方面的业务，包括石油勘探、天然气、油品销售、化工和发电。

BP优途™高级汽油发动机清净剂是用来分解并清除旧发动机上附着的积炭，并能预防积炭在新发动机上形成吗？

（3）BP润滑油公司　BP公司始创于90年前，创始人是一位名叫威廉·诺克思·达西的企业家。今天的BP公司是由原英国石油、阿莫科、阿科和嘉实多四家公司合并而成的跨国公司，是世界最大的能源公司之一。其业务范围十分广泛，主要业务板块分为油气勘探和生产，天然气，发电及可再生能源，炼油、营销及石油化工。

BP集团的经营足迹遍及世界百余个国家。20世纪80年代起，BP公司

【课堂互动】

就已进入中国市场。目前，中国的业务在 BP 的发展战略中已处于核心地位。在润滑油业务方面，BP 发展十分迅速，分别在香港、上海、广州、厦门、北京、天津和沈阳等地设有办事处，广泛的销售网络已遍及中国各大、中城市，并凭借强劲的实力在中国的润滑油市场奠定了稳固的基础。

BP 集团的注册商标是一个由绿色、黄色和白色组成的太阳花，如图 2-25 所示，其象征意义为源于石油、超越石油。

图 2-25 BP 集团的商标

随着中国润滑油市场的进一步发展，国际润滑油公司将会越来越多地投资中国市场，越来越深地介入到整个润滑油产业。国际润滑油公司在中国的投资产生了两大影响。一是国际背景资本的进入，促进中国润滑油产业升级与繁荣；二是更多资本的进入，也必然会带来更加激烈的竞争。与国际巨头相比，中国公司存在着诸多的劣势，主要是资本规模过小，技术质量落后，经营管理理念陈旧，投资技术不成熟等。总之，为了能够适应处在急剧变化的中国润滑油市场，中国本土公司有必要认真思考，采取相应措施，来争得一席之地。

模块3 汽车其他工作液

【学习目标】

- 了解汽车制动液的工作条件、使用要求和使用性能，能正确区分汽车制动液的品种及选用；
- 了解汽车防冻冷却液的作用、分类，能正确选用汽车防冻冷却液，了解国产大众公司一些汽车防冻冷却液的使用；
- 了解汽车空调制冷剂的作用、分类，能正确选用汽车空调制冷剂。

了解汽车空调压缩机油的工作条件、性能要求、作用、分类，能正确选用汽车空调压缩机油。

汽车工作液除了燃料和润滑材料以外，其他工作液应包括汽车制动液、防冻冷却液、空调制冷剂等。它们都在各自的系统中，有着十分重要的作用。

【课堂互动】

讨论汽车液压制动系统与气压制动系的运用。

3.1 汽车制动液

【本节目标】

了解汽车制动液的工作条件、使用要求。

了解汽车制动液的使用性能、指标要求。

能正确区分汽车制动液的品种与规格。

能正确使用汽车制动液。

【基本理论知识】

汽车制动液又称刹车油，是汽车液压制动系统中传递压力的液体。汽车液压制动系统的可靠性与制动油液的质量、使用是密不可分的。在使用中，要求汽车制动液高温时不汽化，低温流动性好，腐蚀性小，不吸水，对运动件有良好的润滑作用。

3.1.1 汽车制动液的工作条件和使用要求

GB 12981—2003《机动车辆制动液》明确了汽车制动液（Brake Fluid）的概念。汽车制动液是机动车液压制动系统所采用的传递压力的工作介质。

过去，我国将汽车制动液大致分为矿油型、醇型和合成型三类。但由于矿油型制动液对天然橡胶有溶胀作用，必须使用耐油橡胶皮碗，而实际难以满足需要，在 GB 10830—1998 中强调制动液应是非矿油型的。醇型制动液

【课堂互动】

什么是制动失灵?

制动液在使用一定时间后,会出现沸点降低吗?

由蓖麻油与醇类制成，沸点低，仅有80℃左右，吸湿性大，易产生气阻，目前已停止使用。

现代汽车使用制动液主要是合成型制动液，如图3-1所示。合成型制动液以有机溶剂中的醇、醚和脂为基础，再加入添加剂调制而成，是世界上目前广泛使用的汽车制动液。GB 12981—2003《机动车辆制动液》规定了合成制动液的技术条件和试验方法。

图3-1 合成型制动液

制动液对汽车行驶安全性影响很大，在使用制动液时，对它有如下要求。

(1) 良好的高温抗气阻性　现代汽车的车速越来越高，在平坦道路上行驶时，制动液的温度一般为100～130℃，行驶于多坡道山间公路的汽车，由于制动频繁，制动液温度更高，最高可达150℃。如果制动液的沸点低，高温时就会蒸发，形成蒸气。当制动系某一管道里充满蒸气，就产生气阻，造成制动不灵。因此，防止因高温气阻造成制动失灵是对制动液使用性能的主要要求之一。为保证汽车行驶安全可靠，汽车必须使用沸点较高的制动液。

评定汽车制动液高温抗气阻性的指标是平衡回流沸点和湿平衡回流沸点。

(2) 良好的低温流动性　当气温低时，汽车液压制动液粘度会增大，使其流动性变差，影响准确地传递压力。为保证制动液在低温条件下制动油缸活塞能随踏板的动作灵活移动，要求制动液有良好的低温流动性。

评定汽车制动液低温流动性的指标为－40℃的运动粘度。在制动液的使用技术条件中规定了各级制动液在－40℃时的运动粘度不能太大。

(3) 高的平衡回流沸点　多数制动液没有固定的沸点，所以用平衡回流沸点作为高温蒸发性的指标。在大气压力下，把制动液装入带有回流冷凝器的烧瓶中加热，制动液蒸汽上升到冷凝器中。遇冷后蒸汽变成油滴又流回烧瓶中，达到沸腾的温度就叫平衡回流沸点。

但制动液的平衡回流沸点会因吸收周围的水分（吸湿）而下降。没有吸湿的沸点叫干沸点，吸湿后的沸点叫湿沸点。例如，原来平衡回流沸点为193℃的制动液，吸湿后，当含水量达到0.2%时，沸点下降到150℃。湿沸点低的制动液也会产生气阻，导致制动失灵。所以要求制动液吸湿性要小，湿沸点要高。

【课堂互动】

（4）良好的粘温性　在制动过程中，由于摩擦生热，可使制动系统工作温度升高到70～90℃，有时能达到150℃。制动液在高温时要有适宜的粘度，保持良好的润滑性，不影响油缸的润滑和密封，所以，制动液使用技术条件中也规定了制动液在100℃时的运动粘度，这时的运动粘度也不能太小。

（5）良好的与橡胶的配伍性　汽车液压制动系有皮碗、软管等用于密封的橡胶件，制动液对橡胶零件不能造成显著的溶胀、软化或硬化等不良影响。这些密封件长时间的浸泡在制动液中，体积和质量会发生变化，出现渗漏，失去应有的密封作用，使制动力下降，严重时导致制动失灵。因此要求制动液能通过橡胶皮碗试验评定，即在规定的试验条件下（皮碗规格、材料、试验温度和时间），将皮碗浸入制动液中，然后观察外观，测定根径增值和硬度下降值。在120℃下经过70h和在70℃下经过120h浸泡后，皮碗外观应无发粘、鼓泡，不析出炭黑等现象，皮碗根径增值能控制在规定范围内。

（6）对金属的腐蚀性要小　汽车液压制动系的缸体、活塞、弹簧、导管和阀等主要使用铸铁、铝、铜和钢等材料制成，这些金属件长期与制动液接触，要求制动液不引起金属腐蚀。为减少对金属的腐蚀，要求制动液能通过金属的腐蚀试验。试验方法是将镀锡铁皮、钢、铝、铸铁、黄铜、铜等金属片，放在100℃的制动液中浸泡120h后，观察其质量变化，要求不超过各自的规定值。

另外，当制动液渗进橡胶分子的间隙中时，会从橡胶中溶出一部分组分，溶出物对金属的腐蚀作用也应限制。

（7）良好的化学安定性　汽车制动液使用周期一般较长，通常两年以上才更换。因此在使用时，不允许产生分解、油泥、胶质等现象，造成粘度增大，失去制动效能。

（8）其他性能　制动液在长期使用中，会逐渐吸收空气中的水分，制动液必须把这些水分完全溶解，不能产生分层和沉淀。此外，制动液还要有良好的抗泡沫等。

3.1.2　汽车制动液的使用性能和指标要求

HZY 3制动液中的H、Z、Y分别是什么含义？

GB 10830—1989《汽车制动液使用条件》于1990年1月起实行。主要根据高温抗气阻性和低温流动性的不同，从低到高，分为JG_0、JG_1、JG_2、JG_3、JG_4、JG_5六级，明确规定了各级制动液的使用范围和指标要求。JG为交通部和公安部系列，J为交通部第一个汉字的汉语拼音首字母；G为公安部第一个汉字的汉语拼音首字母。

随着汽车速度的提高，对制动液的要求也越来越高，GB 10830—1989标准中的JG_0、JG_1已宣布废除。

【课堂互动】

1991 年，国家又对合成制动液的使用性能和指标要求进行了规范。在合成制动液国家标准 GB 12981—1991 内，制动液指标要求比 GB 10830—1989 严格得多。GB 12981—1991 标准里的制动液代号 H 代表“合成”、Z 代表“制动”、Y 代表“液”。脚标阿拉伯数字代表制动液不同类型。

1998 年，我国又对制动液的标准进行了修订，代号为 GB 10830—1998《机动车制动液使用技术条件》。在这个标准里，制动液牌号 JG_2 已不见了踪影。为了保证汽车运行安全，标准制定了制动液关键性的技术要求，也为制动液的管理提供了技术依据。GB 10830—1998《机动车制动液使用技术条件》见表 3-1。

表 3-1　机动车制动液使用技术条件

项目					JG3	JG4	JG5
外观	清亮透明,无悬浮物、尘埃和沉淀物质				清亮透明,无悬浮物、尘埃和沉淀物质		
高温抗气阻性	平衡回流沸点(ERBP)/℃			≥	205	230	260
	温平衡回流沸点(WERBP)/℃			≥	140	155	180
运动粘度/(mm^2/s)	-40℃			≤	1500	1800	900
	50℃			≥			4.2
	100℃			≥	1.5		
与橡胶的配伍性	橡胶皮碗试验根径为 28～28.25mm 的 SBR 和 EPDM 皮碗	120℃ 70h	外观		无发粘,无鼓泡,不析出炭黑		
			根径变化率/%		0.1～5		
			硬度变化		0～-10		
		70℃ 70h	外观		无发粘,无鼓泡,不析出炭黑		
			根径变化率/%		0.1～5		
			硬度变化		0～-10		
金属腐蚀性(10℃,120h)	金属腐蚀试验质量变化/(mg/cm^2)		镀锡片		±0.2		
			钢				
			铝		±0.1		
			铸铁		±0.2		
			黄铜		±0.4		
			铜				
			锌				
	金属试片				均匀变色,无坑点		
	SBR 标准皮碗试验		皮碗外观		无发粘,无鼓泡,不析出炭黑		
			根径变化率/%		0～5.0		
	试后 pH 值				7.0～11.5		
	沉淀(体积分数)/%			≤	0.1		
	pH 值				7.0～11.5		

【课堂互动】

2003 年，我国再一次对制动液经行了修订。代号为 GB 12981—2003《机动车辆制动液的技术要求》。这个标准，包含了一个合成制动液的标准系列。GB 12981—2003《机动车辆制动液的技术要求》中合成制动液规格见表 3-2。

国内外汽车制动液规格对照见表 3-3。汽车制动液的使用指标要求见下表3-1、3-2、3-3。

表 3-2　合成制动液规格

项　目		质　量　指　标		
		HZY 3	HZY 4	HZY 5
外观		无沉淀及悬浮物，清澈透明液体；聚硅氧烷型 HZY 5 制动液为紫色透明液体		
平衡回流沸点(ERBP)/℃	≥	205	230260	
温平衡回流沸点(WERBP)/℃	≥	140	155	180
运动粘度/(mm^2/s)				
-40℃	≤	1500	1800	900
100℃	≥	1.5	1.5	1.5
pH 值		7.0～11.5		
液体稳定性(ERBP)/变化℃	≥	±3	±[3+0.05×(ERBP-225)]	
高温稳定性(185℃±2℃，120min±5min)				
化学稳定性		±3	±[3+0.05×(ERBP-225)]	
腐蚀性(100℃±2℃，120h±2h)				
试验后金属片状态				
质量变化/(mg/cm^2)	≤			
镀锡铁皮		±0.2		
钢		±0.2		
铸铁		±0.2		
铝		±0.1		
黄铜		±0.4		
纯铜		±0.4		
锌		±0.4		
外观		无肉眼可见坑蚀和表面粗糙不平，允许脱色或出现色斑		
试验后试液性能				
外观		23℃±5℃下不凝胶，在玻璃容器壁或金属表面不形成结晶状物质		
沉淀物体积分数/%		0.10		
pH 值[②③]		7.0～11.5		
试验后橡胶皮碗状态				
外观		无鼓泡、脱落表现出的变质		
硬度降低值(IRHD)	≤	15		
根径增值/mm	≤	1.4		
低温流动性和外观				
-40℃±2℃，144h±4h				
外观		透过试液观察，遮盖力图上的线条清晰可辨认。试液无淤渣、沉淀、结晶、不分层		
气泡上浮至液面的时间/s	≤	10		
-50℃±2℃，6h±12min				

【课堂互动】

（续）

<table>
<tr><th rowspan="2">项　目</th><th colspan="3">质 量 指 标</th></tr>
<tr><th>HZY 3</th><th>HZY 4</th><th>HZY 5</th></tr>
<tr><td>外观</td><td colspan="3">透过试液观察，遮盖力图上的线条清晰可辨认。试液无淤渣、沉淀、结晶、不分层</td></tr>
<tr><td>气泡上浮至液面的时间/s ≤</td><td colspan="3">35</td></tr>
<tr><td>蒸发性能(100℃±2℃,168h±2h)</td><td colspan="3"></td></tr>
<tr><td>蒸发损失质量分数/% ≤</td><td colspan="3">80</td></tr>
<tr><td>残余物质量</td><td colspan="3">用指尖磨擦时，沉淀中不含有颗粒性砂粒和腐蚀物</td></tr>
<tr><td>残余物倾点/℃ ≤</td><td colspan="3">-5</td></tr>
<tr><td>溶水性(22h±2h)</td><td colspan="3"></td></tr>
<tr><td>-40℃</td><td colspan="3"></td></tr>
<tr><td>外观</td><td colspan="3">透过试液观察，遮盖力图上的线条清晰可辨认。试液无淤渣、沉淀、结晶、不分层</td></tr>
<tr><td>气泡上浮至液面的时间/s ≤</td><td colspan="3">10</td></tr>
<tr><td>60℃</td><td colspan="3"></td></tr>
<tr><td>外观</td><td colspan="3">试液不分层</td></tr>
<tr><td>试液中沉淀物体积分数/% ≤</td><td colspan="3">0.05(鉴定)
0.15(商品)</td></tr>
<tr><td>液体相溶性(22h±2h)</td><td colspan="3"></td></tr>
<tr><td>-40℃</td><td colspan="3"></td></tr>
<tr><td>外观</td><td colspan="3">透过试液观察，遮盖力图上的线条清晰可辨认。试液无淤渣、沉淀、结晶、不分层</td></tr>
<tr><td>60℃</td><td colspan="3"></td></tr>
<tr><td>外观</td><td colspan="3">试液不分层</td></tr>
<tr><td>试液中沉淀物体积分数/% ≤</td><td colspan="3">0.05</td></tr>
<tr><td>抗氧性(70℃±2℃,168h±2h)</td><td colspan="3"></td></tr>
<tr><td>金属片外观</td><td colspan="3">金属片与锡箔接触面之外的部分，无可见坑蚀和表面粗糙不平，允许脱色或出现色斑，允许痕量胶质沉积</td></tr>
<tr><td>金属片质量变化/(mg/cm²) ≤</td><td colspan="3"></td></tr>
<tr><td>铝片</td><td colspan="3">±0.05</td></tr>
<tr><td>铸铁片</td><td colspan="3">±0.03</td></tr>
<tr><td>橡胶相溶性(SBR橡胶皮碗及EPDM橡胶试件)</td><td colspan="3"></td></tr>
<tr><td>硬度降低值(SBR橡胶皮碗及EPDM橡胶皮碗或试件)/IRHD ≤</td><td colspan="3"></td></tr>
<tr><td>70℃</td><td colspan="3">10</td></tr>
<tr><td>120℃</td><td colspan="3">15</td></tr>
<tr><td>皮碗外观</td><td colspan="3">无鼓泡、脱落</td></tr>
<tr><td>根径增值(SBR橡胶皮碗)/mm</td><td colspan="3">0.15~1.40</td></tr>
<tr><td>体积变化分数(EPDM橡胶皮碗或试件,70℃和120℃)/%</td><td colspan="3">1~10</td></tr>
</table>

【课堂互动】

（续）

项　　目		质　量　指　标		
		HZY 3	HZY 4	HZY 5
行程模拟性能（85000 次行程，120℃±5℃，6.86MPa±0.34MPa）				
金属部件状态		金属部件无可见坑蚀或点蚀，允许脱色或出现色斑		
缸体和活塞直径变化/mm	≤	0.13		
皮碗状态				
硬度降低值/IRHD	≤	15		
外观		不出现过度划痕、变形、鼓泡、裂纹、脱皮或外形变化		
皮碗根径增值/mm	≤	0.90		
皮碗唇径过盈量/%	≤	65		
任意 24000 次行驶期间液体损失量/mL	≤	36		
缸体活塞工作状态		无卡滞和不良工作状况		
最后的 100 次行程期间液体损失量 mL	≤	36		
试验后试液状态		不含去除不掉的沉淀和胶状附着物		
液体状态				
沉积体积分数/%	≤	1.5		
缸体外观		试验期间缸体和其他金属部件上沉淀不多于痕量，制动缸体上不附着用蘸乙醇的布擦除不掉的沉淀		

表 3-3　国内外汽车制动液规格对照

GB 12981	GB 10830	FMVSS No. 116	其他
HZY 2	JG2	—	SAE J1703
HZY 3	JG3	DOT3	ISO 4925
HZY 4	JG4	DOT4	—
HZY 5	JG5	DOT5	SAE J1705

注：美国、西欧、日本执行美国联邦机动车安全标准 FMVSS No. 116 DOT3、DOT4、DOT5 标准。DOT 代表美国联邦政府运输部。

3.1.3　汽车制动液的种类

DOT3 和 DOT4 比较，谁的综合性能更好？

制动液按其组成和特性不同，通常分为醇型、醇醚型、脂型、矿油型和硅油型等五种。醇醚型和脂型统称为合成型。

（1）醇型制动液　它是由蓖麻油和醇配制而成。这种制动液低温粘度大，沸点低，极易产生气阻，不能保证行车安全，现已被淘汰。

（2）醇醚型制动液　它由基础油、润滑剂和添加剂三种成分组成。基础油可调节制动液的沸点和低温粘度。润滑剂约占制动液总量的 20%。添加剂主要有抗氧化剂、抗腐蚀剂、抗橡胶溶胀剂等。

醇醚型制动液的优点是平衡回流沸点较高、性能稳定、成本低，是目前国内外广泛使用的一种制动液。缺点是吸湿性强、湿沸点较低。

【课堂互动】

JG$_3$ 级制动液可以使用于我国的广大地区吗?

(3) 脂型制动液　这种制动液工作时能保持高沸点，同时吸湿性小或基本不吸湿，适合在湿热环境下使用。这种制动液是为克服醇醚型制动液吸水后沸点降低而发展起来的。

(4) 矿油型制动液　矿油型制动液是以柴油馏分、脱蜡，加入添加剂后形成的。它温度适应范围宽、低温性能好、对金属无腐蚀作用，但吸水后易产生气阻，制动不良，还对天然橡胶有溶胀作用，必须使用耐油橡胶件。世界上一些发达国家已不再生产和使用，我国也没有推广使用。

(5) 硅油型制动液　这种制动液价格昂贵，也很难推广使用。

另外，按制动液使用性能不同，还可将制动液分为通用型、低吸湿型和高沸点型。

(1) 通用型制动液　平衡回流沸点 190 ~ 205℃，性能可满足 DOT3 及 JG$_3$ 规格要求。优点是成本较低，价格便宜，故使用较多，用量也较大。缺点是不能满足苛刻条件下的刹车要求，吸湿性强，稀释后平衡回流沸点迅速降低；低温性能差；湿热条件下易发生锈蚀；水含量增大时，沸点逐渐降低。

(2) 低吸湿型制动液　低吸湿型制动液湿平衡回流沸点较高，性能可满足、JG$_4$ 及 DOT4 规格要求，主要用于高级轿车。

(3) 高沸点型制动液　这种制动液平衡回流沸点高。聚乙二醇醚型制动液平衡回流沸点达 288℃，硅油型制动液甚至超过 300℃。优点是没有吸湿性，可满足 JG$_5$ 及 DOT5 规格的要求。缺点是易使橡胶收缩、硬化。

3.1.4 汽车制动液的正确选用和使用注意事项

(1) 制动液的正确选用　制动液是按等级划分的，选用时应严格按照车辆使用说明书的规定，选用合适等级的制动液。

若无使用说明书，选用制动液时，要求制动液的性能与工作条件相适应，以确保汽车的行车安全。

1) 环境条件。这时可根据气温、湿度、道路条件选用制动液。如炎热夏季，在山区或高速公路上行驶，车辆制动强度大，制动液工作温度高，特别是在湿热条件下，一般应选用 JG$_3$、JG$_4$ 或 HZY 3、HZY 4 等制动液。若气候干燥则可选用 JG$_2$ 制动液。

2) 车辆速度性能。高速车辆，特别是高级轿车与一般货车比，制动液的工作温度要求高，应使用级别较高的的制动液。

3) 若国产车使用进口制动液或进口车使用国产制动液，应根据制动液国家标准与进口制动液对应关系正确使用。

(2) 制动液使用注意事项　各种制动液不能混用，即使同属合成型制动液，不同厂牌的产品，也不一定具备相溶性。

按车辆使用说明书的要求，按期更换制动液，更换条件一般为行驶2～4万km或一年。更换制动液时必须将制动液清洗干净，防止水分和矿物油混入。制动液属易燃品，应注意防火，存放时避免阳光直射。

【课堂互动】

【技能训练】

1. 区分制动液的品种。
2. 检查、添加、更换汽车制动液。
3. 识别各种劣质制动液。

【习题3.1】

一、填空

1. 汽车制动液是用于液压制动系统中________的工作液体。
2. 当制动系某一管道里充满蒸汽，就产生________，造成制动不灵。
3. 为保证制动液在低温条件下制动油缸活塞能随踏板的动作灵活移动，要求制动液有良好的________。
4. 制动液的平衡回流沸点会因吸收周围的水分（吸湿）而________。
5. 制动液没有吸湿的沸点叫________，吸湿后的沸点叫________。
6. 原来平衡回流沸点为193℃的一种制动液，吸湿后，当含水量达到0.2%时，沸点下降到________。
7. 汽车制动液使用周期一般较长，通常________以上才更换。
8. 制动液按其组成和特性不同，通常分为醇型、________、________、________和________等五种。
9. 醇醚型和脂型制动液统称为________。
10. 醇醚型制动液由________、________和________三种成分组成。

二、简答题

1. 在使用制动液时，对他的要求有哪些？
2. 醇醚型制动液的优点有哪些？
3. 醇醚型制动液的缺点有哪些？
4. 脂型制动液的特点？
5. 简述制动液使用注意事项。

3.2　汽车防冻液

【本节目标】

1. 了解汽车防冻液的工作条件。
2. 了解汽车防冻液的品种。
3. 能正确选用汽车防冻液。
4. 了解国产大众公司一些车型防冻液的使用。

有人以为防冻液是专门为寒冷地区的车辆使用的，这种看法对吗？

【课堂互动】

JG$_3$ 级制动液可以使用于我国的广大地区吗？

英文 Antifreeze 的中文含义是什么？

乙二醇型防冻冷却液的牌号是根据什么来划分的么？

【基本理论知识】

随着发动机结构的改进和材料技术的进步，现代汽车发动机与传统发动机相比，一个显著的特点就是现代发动机的运行温度高，正常的工作温度上限值一般都超过 100℃。以国产轿车为例，发动机正常工作温度：上海桑塔纳 90～105℃、一汽捷达 85～115℃、富康 90～118℃。如果冷却液全部是普通水，当发动机温度达到 100℃时就会水沸“开锅”，引起发动机过热，造成故障。另外，水具有腐蚀性，会产生水垢，影响冷却效果。因此，在水冷式发动机的冷却系统中，就要用一种特殊的冷却介质——防冻液，如图 3-2 所示，它是一种含有特殊添加剂的冷却液。

图 3-2　汽车防冻液

3.2.1　汽车防冻冷却液的作用与分类

1. 防冻冷却液的作用

为了保证水冷式发动机的正常工作，使用防冻冷却液应有以下保护作用：

（1）冷却作用　在发动机工作时，有 60% 的热量要通过冷却系统散发到周围空间，水冷发动机的温度一般为 85～95℃。发动机的温度值应保持在冷却条件许可的温度范围内，过冷、过热现象均会影响发动机的正常工作，严重的会导致零件的磨损甚至使发动机瘫痪。

（2）防冻作用　为使发动机在冬季低温下能够继续工作，加注的冷却液冰点要比环境温度低 10℃左右，以保证冷却系统不结冰。若冰点过高，冷却液结冰后体积膨胀，有可能使水箱冻结甚至开裂；若冰点过低，防冻液中的主要原料乙二醇的浓度太高，流动性较差，会影响冷却液的循环，造成发动机起动困难，且使水箱的温度偏高，影响发动机的正常工作。

（3）防腐作用　冷却系统的零部件由多种金属制成，即铸铝、铸铁、钢、纯铜、黄铜及水箱焊接时所用的焊锡。一般小轿车的缸体为铸铝，大货车的缸体为铸铁，水箱则主要由黄铜、纯铜制成。由于金属的电极电位各不相同，故在电解质的作用下易发生电化学腐蚀。而冷却液中的缓蚀剂可与金属达到一种化学平衡，在金属表面形成保护膜，并可以把循环系统中原有的腐蚀物从机体剥离下来，防止其继续腐蚀机体。

（4）防垢作用　结垢是在散热器表面上附着不溶性盐类或氧化物晶体所致。形成的水垢沉积在金属表面，会导致发动机产生的热量不能及时传给冷却液，使缸套温度升高，缸套与活塞的配合间隙不当，造成缸套与气环擦伤磨损，严重时会使活塞卡死，对发动机造成致命的危害；若水垢产生在水箱内，则将影响散热器的散热效果，导致水温升高而“开锅”。防冻液应使用的是经过软化处理的去离子水，它可去除能够形成水垢的钙镁离子，不易结垢。

【课堂互动】

因此，发动机的防冻液，必须具有防冻、防“开锅”、防腐蚀、防水垢、无泡沫的特点，并不受季节及地域的影响。

2. 防冻冷却液的分类

防冻冷却液主要由防冻剂与水按一定的比例混合配制而成，即保持水的良好传热效果，又能降低冷却液的冰点。汽车制造厂在用户手册中，通常会规定用于不同低温防冻等级的防冻液混合比，而且还指定防冻液的型号，不能够混用。按防冻剂的不同，汽车常用的防冻冷却液有乙二醇型、酒精型、甘油型等。

(1) 乙二醇型防冻冷却液　乙二醇（甘醇）型防冻冷却液是用乙二醇作为防冻剂，与水配制而成。乙二醇是目前最理想的防冻剂。

乙二醇是一种无色微粘的液体，沸点是197.4℃，冰点是-11.5℃，能与水任意比例混合。混合后由于改变了冷却水的蒸气压，冰点显著降低。其降低的程度在一定范围内随乙二醇的含量增加而下降。当乙二醇的含量为68%时，冰点可降低至-68℃，超过这个极限时，冰点反而要上升。

乙二醇防冻液在使用中易生成酸性物质，对金属有腐蚀作用。因此，应加入适量磷酸氢二钠等以防腐蚀。

乙二醇有毒，但由于其沸点高，不会产生蒸气被人吸入体内而引起中毒。乙二醇的吸水性强，储存的容器应密封，以防吸水后溢出。

由于水的沸点比乙二醇低，使用中被蒸发的是水，当缺少冷却液时，只要加入净水就行了。这种防冻液用后能回收（要防止混入石油产品），经过沉淀、过滤，加水调整浓度，补加防腐剂，还可继续长期使用，一般可用3~5年，被称为长效防冻冷却液。

(2) 酒精型防冻冷却液　酒精的沸点是78.3℃，冰点是-114℃。酒清与水可任意比例混合，组成不同冰点的防冻液。酒精的含量越多，冰点越低。但酒精是易燃品，当防冻液中的酒精含量达到40%以上时，就容易产生酒精蒸气而着火。因此，防冻液中的酒精含量不宜超过40%，冰点限制在-30℃左右。酒精型防冻液具有流动性好、散热快、取材方便、配制简单等优点。它的缺点是容易着火，酒精沸点低，蒸发损失大。酒精蒸发后，防冻液成分改变，冰点升高。在山区、高原地区行驶的汽车不宜使用酒精型防冻液，因为酒精的蒸发损失大。一般地区行车应定期检测酒精的含量，及时补充。

如果防冻液是伪劣品，它还能起到防冻液应有的作用吗？

(3) 甘油型防冻冷却液　甘油型防冻冷却液是由甘油（丙三醇）为防冻剂与水配制而成。甘油的沸点、闪点高，不易蒸发和着火，对金属腐蚀较小，但甘油降低冰点的效率低，配制同一冰点的防冻液时，比乙二醇、酒精的甘油用量大，成本高。因此，这种防冻液用得较少。

【课堂互动】

3.2.2 汽车防冻冷却液的正确选用

一般情况下，防冻液与水的比例为40:60时，冷却液沸点为106℃，冰点为-26℃，当50:50时，冷却液沸点为108℃，冰点为-38℃。一般要求按照低于当地最低温度5℃左右配制冷却液。

目前，由于防冻冷却液用得最多的是乙二醇防冻冷却液，所以，就以乙二醇防冻冷却液为例，来谈谈防冻冷却液的选用。

1）乙二醇防冻冷却液的牌号是按冰点划分的，使用时应根据当地冬季最低气温来选择适当牌号的防冻冷却液。冰点至少应低于最低气温5℃，如果是浓缩液，应按产品说明书的规定比例加清洁水稀释。

2）乙二醇防冻冷却液一般可使用2~3年，入冬前，要检查、调整防冻冷却液的密度，添加防腐剂，并将防冻冷却液的冰点调到该牌号最高冰点。

3）乙二醇防冻冷却液不仅有较低的冰点，防止冬季结冰，还可提高沸点，防止夏季沸腾，因此可四季通用。

4）使用防冻冷却液前应检查冷却系，保证无渗漏，加注时不要过满，一般只加注到冷却系总容量的95%，避免温度升高后膨胀溢出。

5）乙二醇防冻冷却液使用一段时间后，会因蒸发而使液面下降，应及时加水，保持原有容量。

6）乙二醇防冻冷却液在使用保管时，应保持清洁，特别防止石油产品混入，以免受热后产生泡沫。

7）乙二醇防冻冷却液有毒，使用中注意安全，手接触后要洗净。

【技能训练】

1. 区分防冻冷却液的品种。
2. 检查、添加、更换汽车防冻冷却液。
3. 识别各种劣质制动液。

【习题3.2】

一、填空题

1. 防冻冷却液有________作用、________作用、________作用和________作用。
2. 防冻冷却液主要由________与________按一定比例混合而成。
3. 按防冻剂的不同，汽车常用的防冻冷却液有________型、________型和________型等。

二、简答题

1. 防冻冷却液的作用？
2. 酒精防冻冷却液的特点？
3. 乙二醇防冻冷却液的特点？

4. 简述乙二醇防冻冷却液的选用。
5. 更换宝来发动机防冻冷却液时，要注意什么？

【课堂互动】

什么是非独立式空调？它有什么特点？有没有独立式空调呢？

3.3　汽车空调制冷剂与冷冻机油

【本节目标】

- 了解汽车空调制冷剂 R12 与 R134a 的区别。
- 能正确选用汽车空调制冷剂。
- 了解汽车压缩机油的工作条件。
- 了解汽车压缩机油的使用要求。
- 能正确选用汽车空调压缩机油。

【基本理论知识】

为满足汽车的舒适性，现代汽车都装用了空调制冷设备。它利用 R12 或是 R134a 压缩释放的瞬间体积急剧膨胀时，要吸收大量热能的原理来实现制冷。

汽车空调一般主要由压缩机、电控离合器、冷凝器、蒸发器、膨胀阀、贮液干燥器、管道、冷凝风扇、真空电磁阀、怠速器和控制系统等组成。

汽车空调分高压管路和低压管路。高压侧包括压缩机输出侧、高压管路、冷凝器、贮液干燥器和液体管路；低压侧包括蒸发器、积累器、回气管路、压缩机输入侧和压缩机机油池。

小轿车的空调通常是属于非独立式空调，它的压缩机往往是安装在发动机上，并用皮带驱动（也有直接驱动的），冷凝器安装在汽车散热器的前方，而蒸发器在车里面，工作时从蒸发器出来的低压气态制冷剂流经压缩机变成高压高温气体，经过冷凝器散热管降温冷却变成高压低温的液体，再经过贮液干燥器除湿与缓冲，然后以较稳定的压力和流量流向膨胀阀，经节流和降压最后流向蒸发器。制冷剂一遇低压环境即蒸发，吸收大量热能。车厢内的空气不断流经蒸发器，车厢内温度也就因此降低。液态制冷剂流经蒸发器后再次变成低压气体，又重新被吸入压缩机进行下一次的循环工作。

由于汽车空调是移动式车载的空调装置，它与家用固定式空调系统相比，动转条件更恶劣，随汽车行驶的颤振，空调系统的制冷剂比固定式更容易泄漏，空调系统的维修与保养也比固定式频繁，空调装置中风路系统在吸入新风时常常会将尘土吸入，堵塞过滤网及蒸发器，在清洗过程中又往往容易把制冷剂泄放到大气中去，污染环境。

目前，国内大部分小汽车（主要指民用小车）上用的制冷剂有 R12 制冷剂和 R134a 制冷剂两种。由于 R12 对大气臭氧层的破坏，出于环保的要求，发达国家从 1996 年开始改用 R134a 做制冷剂，我国自 1992 年开展消耗臭氧层物质（ODS）的淘汰工作，经多年努力，目前新车基本都已使用 R134a 环保制冷剂。

【课堂互动】

制冷剂除了R12与R134a以外，还有其他类型吗？

3.3.1 汽车空调制冷剂（R12 与 R134a）的性质区分

1. 制冷剂 R12（CFC—12）

制冷剂 R12（CFC-12），学名二氟二氯甲烷（俗称氟利昂），车用 R12 制冷剂如图 3-3 所示。它的蒸发潜热大，特别容易液化。在含水的情况下，除镁和铝之外，不侵蚀任何金属。R12 能溶化天然橡胶，但不侵蚀合成橡胶。R12 对水的溶解度极小，在制冷循环中存在的水分易结冰，故要使用吸湿剂。R12 无毒，不易燃烧，但遇火后会产生有毒物质。

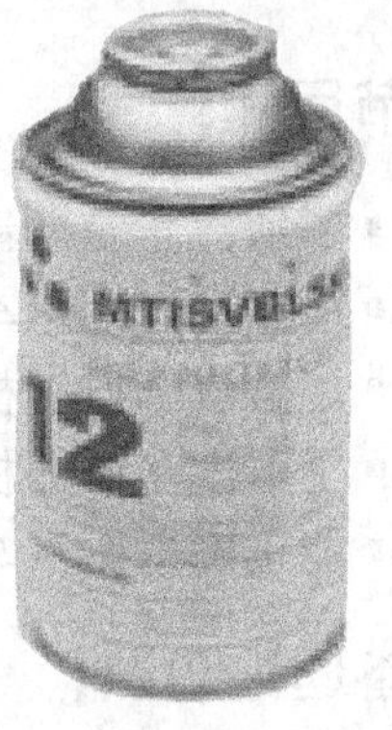

图 3-3 车用 R12 制冷剂

1990 年以前的汽车空调基本上都以 R12 为制冷剂。但因其分子中含有氯离子，当其被排入大气平流层后（大气有三层：离地最近的是对流层；中间是平流层，臭氧主要在这一层形成；最外层是电离层），在太阳光强烈照射下会分离出氯原子，氯原子与臭氧发生化学反应，从而破坏大气臭氧层。臭氧层的主要作用是吸收来自太阳的部分紫外线，而其一旦变薄或被彻底破坏，紫外线将直射地面，地球表面的动物、生物、植物等生命体将承受过量紫外线的照射，使人体免疫系统功能下降，引起白内障、皮癌等疾病。过量紫外线照射还能杀死海洋中的微生物，使食物链中断，生物绝种。植物、谷物也会因过量紫外线照射而被破坏，粮食减产，植物营养成分减少等。臭氧层的破坏会给地球生命和生物造成巨大的伤害。

1987 年，在联合国协调下，世界各国签署了“蒙特利尔议定书”，限制并最终停止使用 R12 等具有对大气臭氧层破坏性的制冷剂。从 1990 年起 R12 逐步被新型环保制冷剂 R134a 所替代。1996 年 1 月 1 日起，发达国家全面禁止使用 R12 制冷剂。

2. 制冷剂 R134a（HFC—134a）

制冷剂 R134a（HFC—134a），学名四氟乙烷，车用 R134a 制冷剂如图 3-4 所示，分子中不含氯离子，对大气臭氧层无破坏作用，且制冷特性与 R12 接近。

图 3-4 车用 R134a 制冷剂

R134a 无色、无味、不燃烧、不爆炸、基本无毒性、化学性质稳定，是很安全的制冷剂。R134a 不破坏大气臭氧层、温室效应影响小，也是很环保的制冷剂。但 R134a 粘度较低，流动阻力小，易泄漏，其吸水性和水溶解性比 R12 高，所以对制冷系统不利。R134a 沸点比 R12 低，蒸发潜热比 R12 高，制冷系数也与 R12 相当，具有较好的制冷能力。R134a 与钢、铝是相容的，而对铜则会产生“镀铜”现象，即铜分子转换到钢铁材料表面，使运动部件间隙减小，轴承发卡最终导致压缩机卡死。“镀铜”现象限制了铜在汽车空调系统中的应用，因此，R134a 汽车空调系统各部件多以钢、铝材料为主，如全铝蒸发器、全铝冷凝器等。用 R134a 取代 R12 后，空调系统的输入功率与制冷量同时增大，空调装置的体积也比使用 R12 时小。

【课堂互动】

3.3.2 汽车空调制冷剂使用注意事项

绿色环保制冷剂 R134a 与严重破坏大气臭氧层的制冷剂 R12 特性差异很大，因此不能混用，在操作和使用时必须注意下列事项：

1）加注前首先要查明制冷系统所用制冷剂类型。

2）装制冷剂的钢瓶必须经过检验，以确保能承受规定的压力。

3）装有制冷剂的钢瓶不得受到太阳的直射，不得撞击。

4）钢瓶上的控制阀常用一帽盖或铁罩加以保护，使用后须注意把卸下的帽盖或铁罩重新装上，以防搬运中受到碰击而损坏。

5）当钢瓶中制冷剂用完时，应即关闭控制阀，以免混入空气和水分。

6）制冷剂应避免触及皮肤，更不能触及眼睛。

7）发现制冷剂有大量渗漏时，必须通风换气，否则会引起人的窒息。

8）为了安全，在存在制冷剂蒸气的情况下使用明火会产生有毒的光气，所以卤毒灯的使用只能在已经过其他方法检漏后的最终阶段进行。

3.3.3 汽车空调压缩机油的工作条件与使用性能要求

1. 冷冻机油的工作条件

汽车空调压缩机使用的润滑油称为冷冻机油，是一种在高速运转及高、低温工况下均能正常工作的特殊润滑油。冷冻机油在制冷压缩机及制冷系统内不断循环，及时带走压缩机工作时产生的热量，使机械系统保持较低的温度，从而提高压缩效率和使用可靠性。

2. 冷冻机油的使用性能要求

（1）冷冻油与制冷剂要互溶　在汽车空调系统中，制冷剂与冷冻机油是混合在一起的。当制冷剂在系统管路中流动时，冷冻机油是随之流动的，这就要求冷冻冷冻机油与制冷剂是完全互溶的。否则，冷冻冷冻机油会从冷凝器的液态制冷剂中分离出来形成油阻，阻碍制冷剂流动，并在通过节流孔进入蒸发器时造成爆溅，增加噪声。分离出的部分或大部分冷冻机油无法返回压缩机，由此易造成压缩机磨损加剧，甚至损坏。

【课堂互动】

（2）良好的低温流动性　若低温流动性差，则冷冻机油会沉积在蒸发器内影响制冷能力，或凝结在压缩机底部，失去润滑作用而造成运动部件损坏。

（3）适当的粘度　粘度越大压缩机克服阻力而消耗的功越多，需要的起动力矩也越大，压缩机相对起动困难，工作时还会产生更多的气泡。粘度过小，则使压缩机轴承不能建立所需的油膜。此外，温度升高或降低时，其粘度也将随之变小或增大。制冷剂的存在也会导致冷冻机油变稀。所以，冷冻润滑油的粘度要依据情况适当选择。

（4）良好的化学稳定性和抗氧化性　汽车空调系统的高压侧，有时温度会高达 130℃，这就要求冷冻机油在高温下不氧化、不分解、不结胶、不积炭，即要有良好的热稳定性，对其他材料（如金属、橡胶、干燥剂等）不产生不良的化学作用。

（5）吸水性要小　若冷冻机油中的水分过多，则会在膨胀节流口处结冰，造成“冰堵”，影响制冷剂的流动和制冷效果。同时，冷冻机油中的水分还会促发“镀铜”现象和某些材料的腐蚀、变质。

（6）良好的电气绝缘性能　这是全封闭压缩机使用的冷冻机油所需的重要性能，一般纯冷冻机油绝缘性能是良好的，但当油中含水分、灰尘等杂质时，其绝缘性能就会下降，使用中应注意预防。

3.3.4　汽车空调冷冻机油的分类与正确选用

1. 冷冻机油的分类

目前针对 R134a 应用的冷冻机油主要有醇类（PAG 油）和酯类（POE 油）两种。

（1）PAG 油　PAG 油与 R134a 不能完全互溶，低粘度时互溶性较好，高粘度时互溶性降低。PAG 油在高温的情况下可分解成水、酸、CO 和 CO_2，有可能造成压缩机“镀铜”现象。PAG 油与有些弹性材料不相溶，吸水性也很强，其饱和吸水量超过 10%。因此，实际应用的 PAG 润滑油都经过了性能处理。

（2）POE 油　POE 是一种合成多元酸酯润滑油，由多元醇酯基础油和添加剂配制而成。聚酯类冷冻润滑油与 R134a 相溶性好，不会出现低温沉积现象。由于在聚酯类冷冻润滑油中加入了添加剂，故其耐磨性能良好 。

2. 冷冻机油使用注意事项

1）冷冻机油的牌号越高，粘度越低。

2）不同牌号的冷冻机油不能混用，否则会变质生成沉积物。

3）不允许向系统添加过量的冷冻机油，否则会影响汽车空调制冷系统的制冷量。

4）不能使用变质浑油的冷冻机油，否则会影响压缩机的正常运转。

【课堂互动】

5）冷冻机油易吸水，加注操作后应马上将封盖拧紧。

6）在加注制冷剂时，应先加冷冻机油，然后再加注制冷剂。

7）在排放制冷剂时要缓慢进行，以免冷冻机油和制冷剂一起喷出。

8）更换制冷系统部件时，应适当补充一定量的冷冻机油。

9）通常汽车空调制冷系统的耗油很少，可每两年更换一次。

10）用于R12空调系统的冷冻机油不可用于R134a空调系统。

【技能训练】

1. 区分空调制冷剂液的品种。
2. 检查、添加、更换汽车制冷剂。
3. 区分汽车空调压缩机油的品种。
4. 检查、添加、更换汽车空调压缩机油。

【习题3.3】

一、填空题

1. 汽车空调制冷剂有________两种。

2. 制冷剂R134a（HFC-134a），分子中不含________，对大气________无破坏作用。

3. R134a ________、________、________、________、基本________、化学性质稳定。

4. 汽车空调压缩机使用的润滑油称为________润滑油。

5. 汽车空调冷冻机油要有适当的________。

6. 冷冻机油中的水分过多，则会在________处结冰，造成“冰堵”，影响制冷剂的流动及制冷效果。

7. 要求冷冻机油在高温下________、________、________、________，即要有良好的热稳定性。

8. R134a应用的冷冻机油主要有________和________两类。

9. 聚酯类冷冻润滑油与R134a相溶性好，不会出现低温________现象。

二、简答题

1. 为什么现在空调制冷剂都不使用R12？
2. 简述臭氧层的主要作用。
3. 简述醇类（PAG油）冷冻机油的使用性能。
4. 简述酯类（POE油）冷冻机油的使用性能。
5. 简述汽车空调冷冻机油的正确使用。

【课堂互动】

【阅读材料】 防冻冷却液与制冷剂简介

1. 国产大众公司各车型应用防冻冷却液的简介

大众系列轿车使用的防冻冷却液型号为NO52774CO（由G11防冻剂与水混合而成）或TL-VW774CO（由G12与水混合而成），如图3-5所示，切勿使用不同牌号的防冻冷却液。G12防冻剂不得和其他类型防冻剂混合使用（包括G11防冻剂）。禁止使用磷酸盐和亚硝酸盐作为防腐剂的冷却液。大众系列轿车使用的防冻冷却液必须全年使用，所以也叫永久使用的防冻冷却液。

图3-5 大众轿车防冻冷却液

（1）帕萨特轿车 帕萨特轿车发动机冷却系容量为7L，全年都加注水和防冻防腐剂GO11A8C组成的混合防冻冷却液。添加剂G1140%，水60%，防冻冷却液最低温度为-25℃。添加剂G1150%，水50%，防冻冷却液最低温度为-35℃。在需要更大的防冻能力时，可以提高添加剂G11的比例，但最高不得超过60%。否则将使防冻能力降低，影响冷却效果。

（2）宝来轿车 宝来轿车发动机使用的防冻冷却液由60%的纯水和40%的添加剂G12A8D混合而成，防冻能力为-25℃。这种防冻冷却液能防止腐蚀冷却系统的合金部件，还可防止冷却系统产生水垢，提高防冻冷却液的沸点。任何时候，尤其在夏季或炎热地区，都不能加入纯水，使添加剂的浓度降低，影响冷却效果。

宝来轿车发动机冷却系统只可加入G12A8D或符合TL-VW774CO标准的添加剂，切不可加入其他类型的添加剂，否则降低防腐性能，导致系统腐蚀，防冻冷却液流失，严重损坏发动机。防冻冷却液及添加剂是有毒物质，对健康有害，一定要放在容器内。更换防冻冷却液时，应将放出的防冻冷却液收集在专用的容器内，进行特殊的处理，放出的防冻冷却液不能再次使用。

（3）奥迪轿车 奥迪轿车发动机冷却系工作压力为0.14～0.16MPa，冷却液容量为6L（车型不同，容量会不同）。奥迪轿车发动机冷却系统只可加入G12A8D或符合TL-VW774CO标准的添加剂（GO11A8C和G12A8D不能混合使用，否则严重损坏发动机）。G12A8D不仅能防冻、防锈、防止产生水垢，还能提高沸点。尤其在炎热气候下，大负荷运转时，高沸点可保证发动机可靠运行。

防冻冷却液G12装入膨胀罐后，应为红色，若呈棕色，则肯定混入了其他添加剂，必须立即更换，否则严重恶化发动机功能，损坏发动机。更换冷却液时，须彻底冲洗冷却系统。首先排净污染的防冻冷却液，加入G12A8D和干净水，使发动机运转2min后，排净所有溶液后，再加入新鲜的防冻冷却液。

【课堂互动】

在更换了散热器、缸盖或缸垫后，旧防冻冷却液不能再使用。

（4）捷达轿车 捷达轿车发动机冷却系工作压力为0.13～0.165MPa，工作温度为85～120℃，冷却液容量为6L（车型不同，容量会不同）。捷达轿车发动机防冻冷却液为GO118AC和水组成的混合液，能防止发动机冻坏和锈蚀，还可防止形成水垢，也能提高沸点，可保证高负荷时发动机的安全性。捷达轿车发动机防冻冷却液必须全年加注使用。

（5）桑塔纳2000轿车 桑塔纳2000轿车发动机使用的防冻冷却液型号为NO52774BO或改进型NO52774CO。由60%的纯水和40%的G11添加剂混合而成，防冻能力为－25℃。寒冷地区的温度如能达到－35℃，这时G11添加剂约为50%，纯水约为50%。若需要更强的防冻能力时，可以提高G11添加剂的比例，但最高不得超过60%，否则会使防冻性能降低，影响冷却效果。

（6）桑塔纳轿车 桑塔纳轿车发动机使用的防冻冷却液由55%的乙二醇和45%的水混合而成或40%乙二醇加20%煤油再加40%的纯水混合而成，这两种防冻冷却液冷却能力均达到－40℃。只有乙二醇和水的防冻冷却液呈淡黄色微浊态，含有煤油的防冻冷却液呈淡黄色油性态。

桑塔纳轿车发动机使用的防冻冷却液价格较贵，应避免浪费。由于防冻冷却液热膨胀较大，加注时只能加注到总容积的95%，否则温度上升时容易溢出，造成浪费。

桑塔纳轿车发动机防冻冷却液使用过程中，由于水分蒸发（乙二醇沸点较高为197℃，不易蒸发），防冻冷却液会减少而粘稠。因此，在没有泄漏的情况下，当发现防冻冷却液不足，只能向其中补加软水。

桑塔纳轿车发动机防冻冷却液使用过程中，切勿将石油产品混入其中，否则在防冻冷却液中会产生大量气泡，影响散热效能。

桑塔纳轿车发动机防冻冷却液有毒，有腐蚀性。使用中严禁吸入口内，即使很小一点也会中毒，严重时会使人致命。同时，防冻冷却液对镀锌铁皮也有腐蚀作用。

2. 新型制冷剂（JLG—134a碳氢致冷剂）**介绍**

《蒙特利尔议定书》确立后，一些发达国家技术人员经过研究与比较，在一类氟利昂替代品上，逐渐形成氢氟烃类制冷剂与碳氢化合物制冷剂两大类。其中前者在美国、日本等国应用广泛，后者为欧洲各国所推崇使用。两者的臭氧层破坏系数均为零，对臭氧层不会造成破坏。在形成全球气候变暖的温室效应系数上，碳氢化合物明显低于氢氟烃类产品。在溶水性、冷凝聚压力、蒸发压力、排气温度和真空度要求等指标方面及制造成本上，碳氢化合物也比氢氟烃类产品有较大的优势。

JLG—134a制冷剂是一种高效、节能、环保型碳氢制冷剂，是CFC、HCFC、HFC类制冷剂的终极替代品。碳氢制冷剂在欧美和亚洲的许多国家已被广泛使用。

【课堂互动】

碳氢制冷剂自 1995 年就已开始在汽车空调中使用，在西方发达国家成功地用碳氢制冷剂替代了 R12 和 R134a 制冷剂。

其他制冷方面，碳氢制冷剂已被欧洲所有主要冰箱制造商广泛采用，德国的冰箱、冷藏、冷冻库有 95% 的制冷设备都是采用碳氢制冷剂，英国一些大的连锁超市中，80% 的冰柜都已采用碳氢制冷剂制冷。碳氢制冷剂已成为欧洲占主导地位的制冷剂技术。泰国、新加坡、印度、马来西亚等亚洲国家，碳氢制冷剂已在中央空调和大型制冷设备中广泛使用。碳氢制冷剂被公认为具有明显环保优势，而且节能效果十分突出。国内的海尔、科龙这两大龙头企业，出口欧洲的冰箱、空调大都是采用碳氢制冷剂。世界许多国家和地区，将碳氢制冷剂用于冰箱、家用空调和中央空调等制冷系统中的使用比率在逐渐扩大。

（1）完全环保　JLG—134a 碳氢制冷剂取自天然成分，来源纯正，深度净化，精密配制，不损害臭氧层，完全环保。

（2）经济实惠　按重量计，JLG—134a 用量仅为 R12、R134a 制冷剂的约三分之一，因此更为经济。

（3）高效节能　JLG—B4a 碳氢制冷剂凝固点低，蒸发潜热更大，使得单位时间内降温速度更快；等熵压缩比功小，使压缩机工作更轻松，延长压缩机的使用寿命；分子量小，流动性好，输送压力更低，减小了压缩机的负载。使用 JLG—134a 碳氢制冷剂可降低系统运行成本，节能率可达 10% ~20%。

（4）制冷性好　JLG—134a 碳氢制冷剂单位容积、质量的制冷量更大。提高了冷凝器和蒸发器的换热性能。因此。JLG—134a 碳氢制冷剂效率更高，制冷性能更优。

（5）油混率高　JLG—134a 碳氢制冷剂的油混率极高，与所有常用冷冻润滑油（矿物润滑油，合成润滑油）兼容，无毒，对金属和耐油橡胶均无腐蚀性。而许多制冷剂需要专门配套的制冷剂润滑油，如使用不当，就会出现问题，使用碳氢制冷剂可防止出现制冷剂和制冷剂润滑油不兼容造成的问题。

目前市场上使用较多的 R134a 制冷剂具有腐蚀性，对制冷系统的橡胶材料要求极高，与常用润滑油不兼容。因此，原灌注 R12 制冷剂汽车空调换用 R134a 制冷剂时必须进行改装，否则压缩机会受到损害，而且话费昂贵。而在大多数情况下，不论什么类型的汽车空调、冰箱、家用空调、中央空调和其他制冷设备只需换用 JLG—134a，无需进行改装。

（6）灌充方便　灌装 JLG—134a 碳氢制冷剂空调系统及灌充程序无需更改，按原有灌充程序即可，但建议使用数字磅秤，确保灌充量准确无误。

（7）用途广泛　JLG—134a 碳氢制冷剂是系列产品。JLG—134a 制冷剂主要用于汽车空调，R600a、ar290 制冷剂主要用于冰箱、家用空调、中央空调、冷藏车等制冷系统。

（8）适应性强 大多数制冷剂的成分为氯氟烃，氢氟烃或氢氯氟烃混合物，这些制冷剂已被证明不适合酷热或热带地区使用，而 JLG—134a 制冷剂对酷热气候具有独到的适应性。

【课堂互动】

（9）完全达标 JLG—134a 碳氢制冷符合国际标准，澳大利亚/新西兰标准。属无氟、高效、节能、环保产品。

模块4　汽车轮胎

【课堂互动】

你知道在我们身边哪些地方用到了橡胶？

【学习目标】

- 了解橡胶的特点与分类，橡胶在汽车上的应用。
- 了解轮胎的分类及普通斜交轮胎和子午线轮胎的特点。
- 掌握轮胎使用时注意的事项和正确选用轮胎。
- 了解新型轮胎及世界著名轮胎品牌企业。

4.1　橡胶

【本节目标】

- 了解橡胶的特点与分类。
- 了解橡胶在汽车上的应用。

【基本理论知识】

天然橡胶发现很早，考古资料表明，南美洲人在11世纪就已使用橡胶球做游戏和祭品。1493年，哥伦布第二次航行探险美洲时，曾记载了美洲印第安人用“树汗”制造的一种有弹性的球，这种球比西方人的充气球要重，但弹性更好。美洲人把白色的树汗倒在木质的模子上，用熏蒸的方法去掉水分，固化成球。直到19世纪40年代，橡胶才真正进入工业实用阶段。

1. 橡胶的性能特点

橡胶是一种有机高分子化合物，是用途非常广泛的工程材料。它的主要性能特点表现如下：

力学性能——在很小的外力作用下产生较大变形，除去外力后能恢复原状，这就是橡胶极为可贵的高弹性。除此之外，橡胶还具有一定的强度和抗冲击、吸收振动的能力，加工性能好。

物理性能——具有耐磨、绝缘、不透水、不透气等优良性能。

特种性能——某些合成橡胶还具有耐油、耐腐蚀、耐热、耐寒、耐燃、耐老化、耐辐射等特点。

可改性能——未经硫化的橡胶还能与某些树脂合成并改变性能。

可复合性能——与其他材料（Ex 金属、纤维、塑料、石棉、软木）合成而组成兼有两者性能特点的复合材料。

2. 橡胶的分类

按橡胶来源区分，橡胶可分为天然橡胶和合成橡胶。

【课堂互动】

（1）天然橡胶（NR） 从天然产胶植物中制取的橡胶以橡胶烃（聚异戊二烯）为主，含少量蛋白质、水分、树脂酸、糖类和无机盐等。天然橡胶弹性大，抗拉强度高，抗撕裂性和绝缘性优良，耐磨性和耐旱性良好，加工性佳，易与其他材料粘合，在综合性能方面优于多数合成橡胶。缺点是耐氧和耐臭氧性差、易老化变质、耐油和耐溶剂性不好、耐酸碱及腐蚀的能力低、耐热性差。可制作轮胎、胶鞋、胶管、胶带、电线电缆的绝缘层和护套以及其他通用制品。特别适用于制造扭振消除器、发动机减振器、发动机支座、橡胶-金属悬挂元件、膜片、模压制品。

（2）合成橡胶 合成橡胶是指经过复杂的化学反应而获得人工合成的高分子聚合物，所以也叫“人工橡胶”。合成橡胶不但在一系列性能上优于天然橡胶，而且由于原料来源广泛、资源充沛，价格也相对便宜，同时不受地区、气候条件和时间的限制，可以按照人们的意愿进行生产来满足人们的需求。所以从石油化工迅猛发展以来，合成橡胶产量也随之激增，目前已大大超过天然橡胶的产量，成为现代橡胶工业的主要原料来源。

合成橡胶的品种很多，现在已开始工业化生产的主要有异戊橡胶、丁苯橡胶、顺丁橡胶、氯丁橡胶、丁基橡胶、丁腈橡胶、乙丙橡胶、氯磺化聚乙烯橡胶、丙烯酸酯橡胶、聚氨酯橡胶、硅橡胶、氟橡胶、聚硫橡胶、氯醇橡胶等。

按橡胶的用途区分，橡胶可分为通用橡胶和特种橡胶。

（1）通用橡胶 通用橡胶产量大，应用广，在使用上一般没有特殊性能要求。主要有天然橡胶、丁苯橡胶、顺丁橡胶、异戊橡胶、氯丁橡胶、丁基橡胶、丁腈橡胶。其中后三者也可作特种橡胶使用。

（2）特种橡胶 特种橡胶是一般用在特殊用途上（耐油、耐酸、耐碱、耐高温、耐低温、耐辐射等）的橡胶，主要有乙丙橡胶、氯磺化聚乙烯橡胶、丙烯酸酯橡胶、聚氨酯橡胶、硅橡胶、氟橡胶、聚硫橡胶、氯醇橡胶等，目前在这方面还在不断研制、发展新的品种。

按橡胶物理状态区分，橡胶可分为生橡胶、熟橡胶、硬橡胶、混橡胶、再生胶和液体橡胶。

（1）生橡胶 简称生胶，指天然采集、提炼或人工合成，未加配合剂而制造出来的原始胶料，为较硬的大块。生胶是一种不饱和的橡胶烃，分子中有双键存在，所以性能较差，不能直接使用。

（2）熟橡胶 又称软橡胶或橡皮，是指在生胶中加入各种调配剂，经过塑炼、混炼、硫化等加工工艺而制成具有高弹性、高强度和其他适用性能的橡胶产品。我们在日常生活中所提到的橡胶就是这种。根据各种工业技术制品的需要，熟橡胶可在不同性能的天然橡胶或合成生橡胶中加入各种不同比例的调配剂，从而制成不同硬度和具有各种特殊性能的橡胶制品。

（3）硬橡胶 也叫硬质橡胶，它与熟橡胶的最大区别是组织内含有大量硫磺（25%～50%）的生胶经过硫化后而制成的硬质制品。这种橡胶具有较高的硬度和强度，优良的绝缘性以及对酸、碱和溶剂的高稳定性。硬橡

【课堂互动】

胶广泛地用于制作电气绝缘制品和耐化学腐蚀制品。

(4) 混橡胶 混橡胶指在生胶中加入各种调配剂，经过机械混合加工后，使胶料具有所需要的物理、力学性能的半成品，俗称胶料，然后作为商品出售，购买者可直接用它来加工、硫化压制成所需要的橡胶成品。混橡胶有不同的品种和牌号，其性能和用途可参考各生产厂的产品说明书。

(5) 再生胶 再生胶是以废旧橡胶制品为原料，经过一定的加工而制成具有一定塑性的翻新橡胶。它也是橡胶工业中的主要原料之一，可以部分地代替和节约生胶。

(6) 液体橡胶 它是20世纪60年代中期新崛起的合成橡胶材料，是一种低相对分子质量的聚合物，常温下为液体状态，带有橡胶的弹性和强度。

3. 橡胶在汽车上的应用

橡胶占汽车用材料总重量的5%，每辆车上多达400~500个橡胶件。随着环保和汽车多样化，橡胶的再生利用、耐热性的提高，成本的进一步降低已成为汽车橡胶发展的主要课题。新型弹性体材料，如热塑性弹性体，高饱和丁腈橡胶在汽车上取得长足的发展，其在汽车上用量已占汽车橡胶总消耗量的20%~50%（除轮胎）。汽车上大量使用氟橡胶、硅橡胶、丙烯酸酯橡胶等，高档胶和耐热弹性体仍是将来汽车橡胶发展的主流方向。

(1) 汽车轮胎 汽车轮胎子午化进一步推广，在西欧已全部实现轮胎子午化，我国子午化水平为40%。随着轮胎使用条件的提高，冬季防滑轮胎、超低滚动阻力轮胎、安全轮胎、双胎面花纹轮胎将进一步得到推广应用。轮胎最近的发展方向是节能、高速稳定、轻量化、耐久性。为了节能，橡胶材料应具有滚动阻力小，即高反弹性，然而轮胎高速稳定性却要求材料具有高耐蠕变，即低反弹性。最近开发的末端改性的S-SBR材料有可能满足上述矛盾的性能要求。一般来说，胎面使用E-SBR、S-SBR、NR、IR等胶，胎体使用NR、BR、IR等胶。节能性和安全性较好的硅橡胶和S-SBR胶配合的轮胎材料也在研究开发中。

(2) 门窗密封条 汽车密封制品占汽车橡胶件重量的25%~28%（除轮胎）。近来具有耐臭氧、耐气候老化的三元乙丙胶（EPDM）广泛用于制造汽车门窗密封条并逐步取代传统的天然橡胶（NR）和氯丁橡胶（CR）。

为了降低成本和提高美观性，国外厂商开始使用热塑性弹性体（TPE）材料制造汽车门窗密封条。TPE材料具有着色方便，再生利用方便的特点。

(3) 油封 多用丁腈橡胶、氢化丁腈橡胶、丙烯酸酯橡胶等耐油材料制成。

(4) 胶管 车用胶管根据其装配和使用的要求，橡胶应具有耐油性、耐弯曲性、减振性能以及耐热性能等。

一般胶管的内外胶层材料采用天然橡胶、丁苯橡胶或顺丁橡胶；耐油胶管采用氯丁橡胶、丁腈橡胶；耐酸碱、耐高温胶管采用乙丙橡胶、氟橡胶或硅橡胶等。近年来，开始采用热塑性橡胶，如热塑性聚氨酯橡胶、聚酯橡胶等。胶管因易弯曲、能缓冲、重量轻及安装使用方便等优点在汽车上广泛应用。

【课堂互动】

1）润滑系用软管。由于润滑油经常要给一些温度较高的部件冷却和润滑，所受的高温在所难免，再加上一些润滑油中加有抗氧剂等各种添加剂，更易加速胶管的老化。因此要求胶管具有良好的耐油性，但为了防止胶管发生硬变，开始使用具有耐各种填加剂性能极好的丙烯酸酯橡胶以及具有耐热和耐油性很好的氟橡胶。

2）动力转向软管。一般情况下内皮用丁腈橡胶（NBR），外皮用氯丁橡胶（CR），但随温度和添加剂的变化，开始使用氢化丁腈橡胶（HNBR）或氯磺化聚乙烯（CSM）材料制造的软管。

3）燃油管。燃油管一般使用NBR橡胶，随着电子喷射装置的应用以及含氧元素燃料的增加，开始使用FKM、HNBR、CSM等橡胶。

4）空调用软管。随着空调介质由R12转换成R134a，而且冷冻机油也由矿物油转为PAG油，因此软管也从NBR橡胶转换成尼龙（PA）/三元乙丙橡胶（EPDM）共混改性材料。为了耐PAG油腐蚀，软管做成4层复合管，每层材料从内到外，分别是PA/IIR/聚酯/EPDM。IIR材料耐水渗透性好。

(5) 减振制品　缓冲块、胶垫、胶板一般为NR和丁苯橡胶（SBR）材料。随着耐热性要求的提高，部分产品使用了EPDM，但其动态特性和耐久性不及NR，因此仍以NR为主。在更理想的缓冲块材料还没有找到的情况下，目前开始使用封入硅油的减振块，基本上能够满足现代汽车的防振要求。

(6) 防尘罩　根据使用部位需要，要求橡胶具有耐曲折、耐油、耐磨等性能。等速万向节一般用CR材料，随耐热性要求的提高，在欧美和日本部分车上开始使用TPEE。TPEE材料能够满足耐火、耐油、耐热的要求，同时实现轻量化的目的。

(7) 胶带　V带、齿形带材料要求强度高、模量大、热稳定性好。其传统的材料是CR橡胶，但因其耐热界限为110℃，因此近来开始使用耐热、耐久的HNBR橡胶。HNBR的耐热性比CR橡胶高40℃，其寿命也比CR橡胶长2倍。

【习题4.1】

一、填空题

1. 橡胶是一种有机高分子化合物，是工业上用途广泛的工程材料。它的独特性能就是具有__________。

2. 汽车上大量使用__________、__________、__________橡胶。

二、简答题

1. 橡胶在汽车上的应用有哪些？

2. 橡胶的分类有几种？

【课堂互动】

4.2 汽车轮胎的作用、分类与结构

【本节目标】

- 掌握轮胎的作用。
- 了解汽车轮胎的分类。
- 了解普通斜交轮胎和子午线轮胎的特点。

【基本理论知识】

说一说你们学校汽车的轮胎是哪一类轮胎？

1. 轮胎的作用

早期的汽车使用木制或铁制的车轮，尽管是在平坦的道路上行驶，颠簸得还是很厉害。橡胶轮胎的出现是汽车进一步发展的先决条件。现在所讲的轮胎即为普遍使用的橡胶充气轮胎。

轮胎的作用主要有以下几个方面：

1）支承全车重量。

2）缓和由路面传来的冲击力。

3）实现与路面接触并保证车辆的行驶性能。

2. 轮胎的分类

轮胎的分类方法有很多，可概述如下：

1）按配套车辆可分为轿车轮胎、载重汽车轮胎、工程机械轮胎、摩托车轮胎、自行车轮胎和航空轮胎等。

2）按用途可分为普通轮胎和特殊轮胎等。

3）按结构类型可分为结构、斜交轮胎、带束斜交轮胎、子午线轮胎等。

4）其他类型轮胎，如浇注轮胎、发泡填充轮胎、内支撑轮胎等。

3. 轮胎的结构

轮胎通常由外胎、内胎、垫带3部分组成。也有不需要内胎的，但对胎体内层的橡胶性能要求较高。现以目前最常见的斜交轮胎和子午线轮胎为例来说明其结构。

（1）斜交轮胎　图4-1所示为有内胎的斜交轮胎构造。外胎由胎面3、帘布层1、缓冲层2及胎圈6组成。帘布层是外胎的骨架，用以保持外胎的形状和尺寸，通常由成双数的多层帘布（挂胶布）和橡胶贴合而成。帘布的帘线与轮胎子午断面的交角（胎冠角）一般为52°～54°，相邻层帘线相交排列。帘布层数越多，强度越大，但弹性降低。在外胎表面上注有帘布层数。帘布由纵向的强韧的经线和各经线之间的少数纬线织成。帘线可以是棉线、人造丝线、尼龙线和钢丝。采用人造丝可以使同样尺寸的轮胎增加其载荷容量，因为人造丝的强度和弹性大。尼龙丝又比人造丝好，使用寿命长。因此，当采用人造丝、尼龙丝或钢丝帘线时，在轮胎承载能力

【课堂互动】

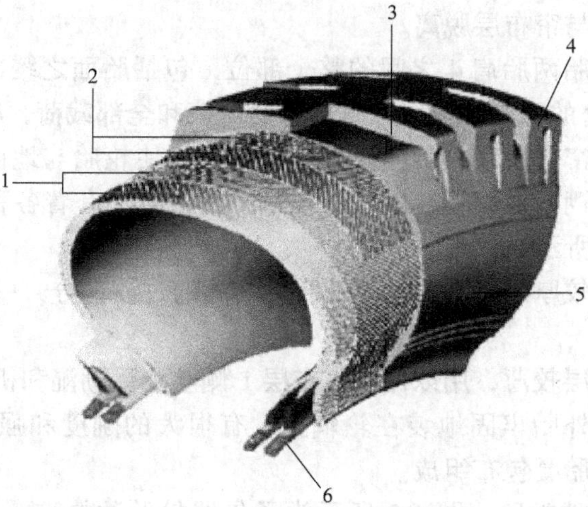

图4-1　有内胎的斜交轮胎构造

1—帘布层　2—缓冲层　3—胎面　4—胎肩　5—胎侧　6—胎圈

相同的情况下，帘布层的层数可以相应地减少。此时在外胎表面上标注的是层级（相当于棉线帘布层数，而不是实际的帘布层数）。我国已大量采用人造丝和尼龙丝帘线，近来也开始采用钢丝帘线，但因价高和质脆而没有得到广泛应用。

缓冲层位于胎面与帘布层之间，是用胶片和两层或数层帘布制成，故弹

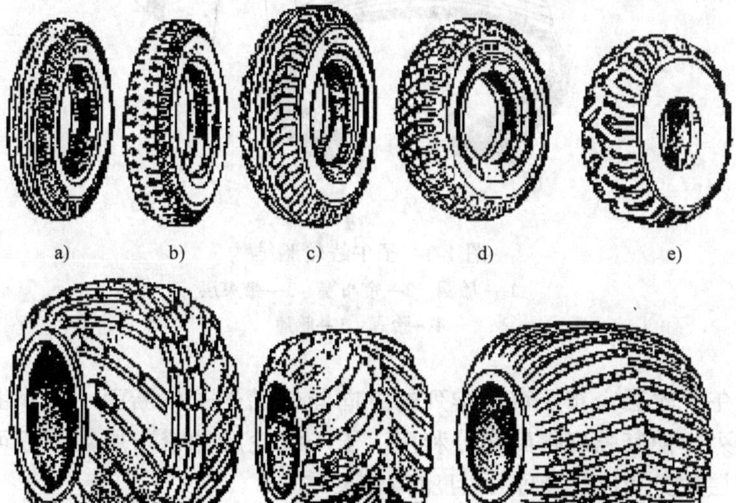

图4-2　轮胎花纹

a)、b）普通花纹　c）混合花纹　d)、e）越野花纹　f）拱形花纹　g）低压特种花纹

【课堂互动】

性较大，能缓和汽车在行驶时所受到的不平路面的冲击，并防止汽车在紧急制动时胎面与帘布层脱离。

胎冠是外胎两胎肩 4 之间的整个部位，包括胎面之缓冲层 2 和帘布层 1。胎冠用耐磨的橡胶制成，它直接承受摩擦和全部载荷，减轻帘布层所受冲击，并保护帘布层和内胎免受机械损伤。为使轮胎与地面有良好的摩擦性能，防止车辆沿地面纵、横向滑移等，在胎面上有着各种形状的凹凸花纹，如图 4-2 所示。

胎肩 4 是较厚的胎冠与较薄的胎侧 5 间的过渡部分，一般也制有花纹，以利散热。

胎侧橡胶层较薄，用以保护帘布层 1 侧壁免受潮湿和机械损伤。

胎圈 6 使外胎牢固地装在轮辋上，有很大的刚度和强度，由钢丝圈、帘布层包边和胎圈包布组成。

（2）子午线轮胎　图 4-3 所示为子午线轮胎的构造。它由胎圈 1、帘布层 2、带束层 3、胎冠 4 和胎肩 5 组成，并以带束层箍紧胎体。

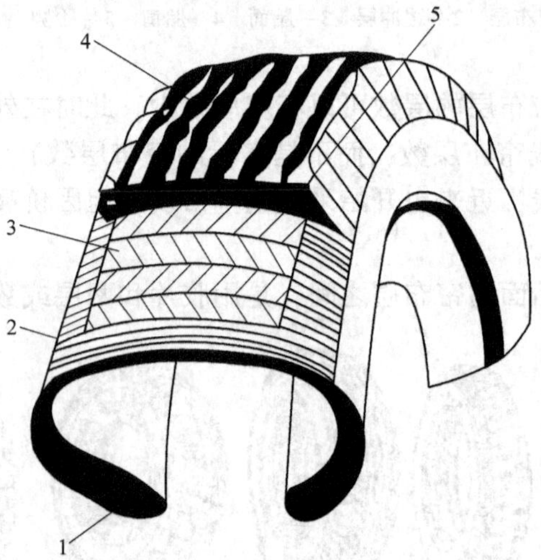

图 4-3　子午线轮胎结构

1— 胎圈　2—帘布层　3—带束层

4—胎冠　5—胎肩

子午线轮胎帘布层帘线排列的方向与轮胎的子午断面一致。由于帘线如此排列，使其强度得到充分利用。子午线轮胎的帘布层数一般可比斜交轮胎的层数少 40% ~50%，且胎体较柔软。

轮胎上帘线在圆周方向上靠橡胶来连接，因此，为了承受行驶时所产生的切向力，子午线轮胎具有若干层帘线，其帘线与子午断面呈 70° ~ 75°，组成了具有高强度、不易拉伸且带缓冲的带束层。其一般采用强度较高、拉伸变形很小的织物帘布（如玻璃纤维、聚酰胺纤维等高强度材料）或钢丝帘布制造而成。

【课堂互动】

子午线轮胎的优点：

1）接触面积大，附着性能好，滑移率、滚动阻力小，故使用寿命长。

2）胎冠较厚且有坚硬的带束层，不易刺穿。行驶时变形小，可降低油耗3%～8%。

3）因为帘布层数少，胎侧薄，所以散热性好。

4）径向弹性大，缓冲性能好，能承受较大的负荷。

子午线轮胎的缺点：

1）因胎侧较薄，胎冠较厚，在其与胎侧的过渡区易产生裂口。

2）侧面变形大，导致汽车的侧向稳定性差，制造技术要求高，成本也高。

由于子午线轮胎的优越性明显，特别是有较好的节油效果，因此被广泛应用。在使用中为延长子午线轮胎的使用寿命，应根据其使用特点，注意以下事项：

1）严格控制胎压。必须按标准充气，在使用中经常检查胎压。

2）必须选用标准轮辋。

3）同一轴上，使用相同型号的轮胎，不同型号的轮胎不得混装。

4）装有子午线轮胎的汽车，前束值可小于普通轮胎，一般在0～3mm范围内。

5）子午线轮胎胎侧要注意保护，避免刺挂。

6）转弯时应减速，避免车身横向倾斜过大。

【习题4.2】

一、填空

1. 胎侧橡胶层较薄，用以保护帘布层侧壁免________和________。

2. 为使轮胎与地面有良好的__________，防止其沿地面作纵、横向滑移等，在胎面上有着各种形状的凹凸花纹。

二、简答

1. 轮胎作用有哪些？

2. 轮胎分为哪几种？

3. 子午线轮胎特点有哪些？

4.3 汽车轮胎的使用

【本节目标】

- 了解轮胎的规格及表示方法。
- 掌握汽车轮胎的正确选用。
- 掌握汽车轮胎使用时注意的事项。

1. 轮胎的规格及表示方法

按国家标准规定，在轮胎外胎的两侧标有生产编号、厂家商标、尺寸

【课堂互动】

规格、层级、额定载荷、胎压、胎体帘布层的汉语拼音代号（如 M——棉帘布轮胎、R——人造丝帘布轮胎、N——尼龙帘布轮胎、G——钢丝帘布轮胎、ZG——钢丝子午线帘布轮胎）、旋转方向等。

轮胎侧面注有“△”、“—”、“□”或“W”、“D”等符号或文字，表示轮胎最轻的部位。在安装内胎时，应将气门嘴对准此符号，以使轮胎周围的重量均衡，保持轮胎高速旋转时的平稳。

在轮胎上标有“→”的，表示有方向性的轮胎。箭头所指方向为旋转方向。

高压胎用 DXB 表示，D 代表轮胎名义外径，B 为轮胎的断面宽度（单位为英寸），“X”表示高压胎。

B—*d* 中，*B* 表示轮胎断面宽度，*d* 表示轮辋直径，“—”表示低压胎。由于断面宽度 *B* 约等于断面高度 *H*，所装轮辋尺寸 *d* 可按 $d = D - 2B$ 计算。下面以图 4-4 所示型号为 225/60R16 98H 轮胎为例来说明。

解释一下你们学校轮胎的型号

图 4-4　225/60R16 98H 轮胎

225——轮胎断面宽度（mm）；

60——轮胎的扁平率，是轮胎断面高宽除以断面宽度得到的百分数；

R——轮胎的结构标志，指子午线轮胎；

16——轮胎内径，即轮辋名义直径（in）；

98——负荷指数，数字越大，承载能力越大；

H——速度等级，是指轮胎在负荷指数内允许的最高时速，H 为 210km/h，V 为 240km/h，W 为 270km/h，Y 和 Z 为 300km/h。

2. 汽车轮胎的正确选用

汽车轮胎的适用决定着其使用寿命的长短以及汽车的使用成本，因此，必须重视轮胎的正确使用和维护。选用汽车轮胎，应严格按照厂家规定型号选配，还可根据其行驶道路条件选择不同胎面花纹的轮胎。同一轴上，要装用厂牌、尺寸、帘线、层级、花纹新旧程度相同的轮胎（如尺寸大小不一致，车身会产生高低不平，承受负荷不均衡，附着力和磨损也不同）。

（1）翻新胎的使用　翻新胎只能装在后轴上，这是因为轮胎经过高温

【课堂互动】

硫化处理，帘线强度下降，易产生爆破损坏。双胎并装时，在将内侧轮胎装上后，应随即将内侧胎的轮胎螺母紧固，再装外侧轮胎。注意两轮通风孔应对准，两胎气门嘴的位置按 180°对称排列，双胎间隙在负荷下应为 20～35mm。

（2）季节换胎　季节换胎的主要目的是为了防爆，保证行车安全。夏季由于气温高，轮胎温度极易上升到爆破的温度（95℃），因此，夏季尽量使用新胎。换下的旧胎，可留到低温季节来使用。在夏季行车时，行驶一段时间后，就应休息一会，以降低轮胎的温度，但不可以放气和往轮胎上泼水来达到降低温度的目的。如有可能，尽量选择早晨和晚间行车。

（3）备胎的使用　备胎是作为行车中轮胎坏了临时替换的备用轮胎。备胎在使用前，首先应该注意的是要吊位得当，不当的吊胎是不安全的。在换用备胎时，人字型花纹轮胎，一般有旋转方向的箭头标志，在装用时，箭头尖端应先着地。如果车辆经常在硬基路面上行驶，从动轮的轮胎（如主车两个前轮或挂车轮胎）可将轮胎调换胎面来装（即箭头后着地），以减少滚动阻力，节约燃料。这是因为“人”字纹是越野花纹，花纹结构的深度和宽度比普通花纹和混合花纹要大，车辆在深而松的路面上行驶时，有利于车辆牵引力的发挥，不至于打滑空转，保证车辆的通过能力。

（4）轮胎的标准气压与充气　气压是决定轮胎寿命长短的主要因素，在设计制造轮胎时，已经规定了它的额定载荷量和标准压力，因此胎压过高或过低，都会缩短它的寿命。气压过高，轮胎帘线过度伸张变形，胎体弹性降低，在行驶时，极易产生内裂或爆破；压力过高还会使其接触地面面积减少，增加单位面积的负荷，胎冠部容易磨损爆破。另外，气压过高，轮胎的减震性能变差，导致底盘部分损坏；气压过低，会使胎体变形大，产生屈挠变形，内层受到压缩力与外层受到的张力均超过设计允许的屈挠极限，促使橡胶伸张开裂，帘线疲劳，帘布层脱层，帘线折断破坏。同时，气压过低，轮胎与地面接触面积大，造成胎肩磨损加大，还会使行驶阻力增大，燃料消耗增加。因此在充气时，要用气压表来测量轮胎气压情况，保证气压在规定范围之内。

（5）额定载荷与装载应均衡　车辆装载时，应按轮胎允许额定载荷量装载客货，不要超载。超载越多，轮胎寿命越短。注意装载均衡，如果不均衡，会引起车辆局部超载，从而引起前轴或后轴的单胎或双胎超载，使相应的轮胎磨损加快，减少使用年限。装载重量集中过前，还会使转向操作困难，影响行车安全。反之则会使前轮负荷减轻，行驶时方向发飘，危及行车安全。速度过高时，会加重车辆机件损伤，燃料消耗增多，还使轮胎寿命缩短。因此，要根据路面好坏，控制好车速，既安全，又节油，还延长轮胎的寿命。加强车辆底盘部件的检查和校正，避免底盘机件调整失准而损伤轮胎（如轴距不当，轮毂轴承松旷，轮辋变形，钢板弹簧弹力不均，制动单边，前桥变形，主销后倾、内倾及车轮外倾等四轮定位角度不符合规定，大梁变形，后桥变形等）。

【课堂互动】

3. 轮胎的使用注意事项

作为汽车与地面唯一接触的部分，轮胎的重要性不言而喻，不好的轮胎不但会影响汽车行驶的速度，产生噪声，增加不稳定性和油耗，甚至造成行车事故。因此应该理解轮胎在使用时的注意事项以及一些基本的常识，随时能判断出什么样的轮胎会危及行车安全。

（1）定时检查胎压，避免爆胎危险　胎压检查是作为日常养护的一个必不可少的项目。爆胎不是因为打气太足而致，一般轿车的行驶速度很快，轮胎就会处于一种高频交变状态，如果气压不足就会导致变形加大，胎面两边的胎纹过度磨损，胎体因无法抵御地面的压力而扭曲变形，进而产生高温，加速轮胎磨损，最终导致爆胎。所以要求轮胎保持在标准气压，包括备胎气压。

胎压的测量可自行用胎压计测量，但必须在常温的状态下测量，否则测量结果不准确。

（2）前、后轮胎互换位，防止不均匀磨损　轮胎每隔一万公里就应互换位置。对于发动机前置的汽车，前后桥的载荷分配不同，而汽车在制动过程时由于惯性作用，前桥的载荷通常占汽车全部载荷的70%～80%，导致前胎磨损较快，四轮磨损不均匀，为消除这一现象，便将前、后轮互换位置。此外，如果车胎不是有方向性的轮胎（胎面上有标识），换胎时最好同时对换左右胎，使车胎内外侧磨损一致。轮胎交换方式如图4-5所示。

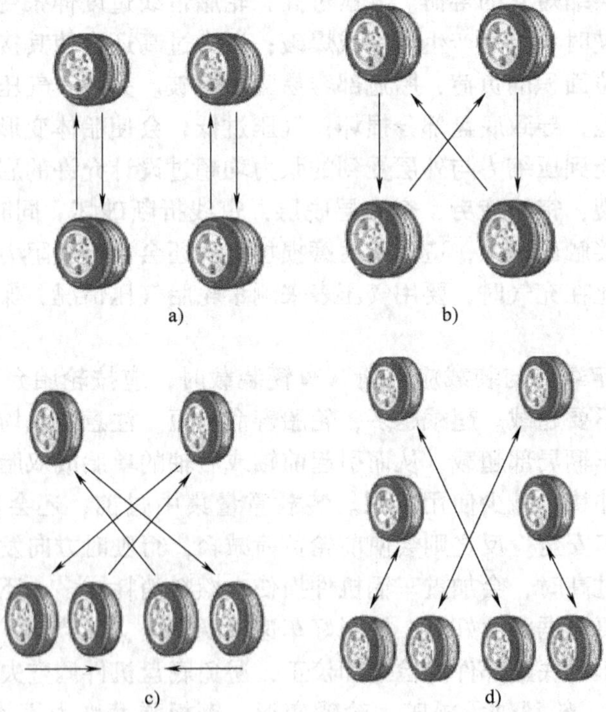

图4-5　轮胎交换方式

a）4轮（一）　b）4轮（二）　c）6轮　d）8轮

【课堂互动】

(3) 尽量避免急加速或刹车　在汽车运行当中，应当避免急加速、急制动和急转向，这不但有损力学性能，对轮胎的寿命也无益处。如果反复进行急加速、急制动和急转向等不正常行驶，将会引起轮胎急剧变形，胎冠不均衡磨损，纵向沟纹撕裂，轮胎温度上升，产生爆裂。

(4) 定期做平衡检查　轮胎平衡分为动平衡与静平衡两种。动平衡不好会使车轮摇摆，产生波浪型磨损；静平衡不好会产生颠簸和跳动现象，使轮胎产生平斑现象。所以定期做动、静平衡检查和调整可延长轮胎寿命，还能提高汽车行驶稳定性、舒适性，以及避免在高速行驶时因轮胎摆动、跳动而失去控制，造成交通事故。

(5) 同车禁装异种轮胎　同一辆车不能混装两种不同规格的轮胎，如果将两种不同规格的轮胎装在同一轴上，就会造成转向过度或转向不足，极易造成侧滑，轻者影响汽车的操纵灵活性，重者造成车祸。此外，也应避免混装不同品牌的车胎。不同品牌的车胎即使参数相同，其胎纹、胎质也有很大的不同，使得行车状况不稳定。

(6) 轮胎更换的原因　轮胎的使用寿命跟车辆的行驶里程及轮胎本身的磨损程度有关，当轮胎的磨损标志显露时或汽车的行驶里程超过4~5万km或轮胎的使用年限超过两年，就应当更换轮胎，如果行驶里程未达到，而使用时间超过两年时，同样更换。因为轮胎用橡胶材料所制，受环境影响，时间一长会有变质老化现象，容易产生龟裂而产生破裂。

(7) 事故后的检查　汽车发生事故后，哪怕是很小的碰撞和蹭挂也要仔细检查车胎，如果车胎发生变形、裂痕、鼓包等异常现象，应立即到维修站进行全面检查和维修。

【习题4.3】

一、填空

1. 气压过低时，轮胎与地面接触面积大，造成________磨损加大。
2. 轮胎平衡分为________平衡与________平衡两种。

二、简答

1. 汽车轮胎正确使用包括哪些内容？
2. 汽车轮胎使用时注意哪些？

4.4 新型轮胎

【本节目标】

- 了解新型轮胎的组成。
- 了解新型轮胎的特点。

1. 跑气保用轮胎

漏气后仍能继续安全行驶一段较长路程的轮胎称跑气保用轮胎或零压轮

【课堂互动】

胎。从结构上，跑气保用轮胎可分为自封式和刚性支撑两大类。自封式是在胎腔或密封层内预先充入足量密封剂，轮胎遭外物刺穿后，密封剂自动流至穿孔处，堵塞洞孔，从而维护正常行驶状态。刚性支撑式跑气保用轮胎又分为自体支撑型和加物支撑型两种。自体支撑型是在普通轮胎上增加原有的某个部件，使轮胎失压后保持行驶轮廓，如胎侧加强型、三角断面型等；加物支撑型是通过增加普通轮胎所没有的部件，达到轮胎失压后保持行驶轮廓的目的，如内支撑物型、多腔型等。虽然各厂家研究开发的这种轮胎不尽相同，但一般都具有如下一些共同特点：漏气后仍可继续安全行驶一段较长路程；需配备气压监控装置；胎侧有所增强；漏气后轮胎能牢固附着于车轮上。跑气保用轮胎的主要技术指标为失压后的行驶速度和行驶距离，就目前技术水平而言，行驶速度一般为时速 80 ~ 88km/h，行驶距离一般为 80km，最高达到 320km。

美国固特异公司 1998 年开始将其所有替换胎生产转为生产跑气保用轮胎，相继推出 8 种规格 Eagle EMT 轮胎。Eagle EMT 轮胎属内支撑物 + 胎侧加强型。这是一种漏气后在不损坏并保持全部原有性能条件下，能以 88km/h 的速度继续行使 320km 的轮胎。这种轮胎的特点是：胎侧部位置有两个高而坚挺的增强层，以便在漏气时使胎侧不会被压塌，并降低爆胎的危险；两层钢丝带束层上有一层缠绕冠带层。

2. 自封式无内胎轮胎

自封式无内胎轮胎的内腔两胎肩之间，设置有特制的防刺层，内装可流动的密封胶，当轮胎被刺穿或者拔除刺入物后，密封胶在轮胎内压作用下自动流到穿孔处，堵塞孔洞，延长轮胎的使用寿命。

3. 智能轮胎

智能轮胎内装有计算机芯片，能够自动监测轮胎行使温度与气压，并及时予以调整，从而使轮胎始终保持良好的使用性能，既提高了安全系数，又节约了开支。美国固特异公司推出 Unisteel 系列“会说话”载重轮胎。它在轮胎胎壁里埋设一小块单片集成电路，自动测量轮胎的温度、气压、转速、行驶里程和其他一些数据，并用特定代码发送出去，由手提式解码读出器译成数字显示在液晶显示屏上。这种“会说话”轮胎，使驾驶员能及时了解轮胎状况，做好维护保养，延长使用寿命。

芬兰路探公司（Road Snoop Lth）最近研制成功的智能轮胎，具有普通轮胎所没有的 ITT 系统，该系统又称路控系统，由微型轻量化传感器和接收装置两部分组成，能够日夜监测轮胎的气压和温度。一旦轮胎气压或温度超过设定值，ITT 系统就发出报警信号。接收装置可以是蓝牙移动电话或车载电脑，甚至是汽车修理厂里的独立显示屏。

【习题 4.4】

一、填空

1. 从结构上，跑气保用轮胎可分为______和______两大类。

2. 自封式无内胎轮胎的内腔两胎肩之间，设置有特制的______，内装可流动的______，延长轮胎的使用寿命。 【课堂互动】

二、简答

什么是智能报警轮胎？

【阅读材料】 著名汽车轮胎品牌企业简介

1. 固特异（GOOD YEAR）

美国固特异轮胎橡胶公司始建于1898年，至今已有百余年的历史。固特异公司是世界上最大规模的轮胎生产公司，总部位于美国俄亥俄州阿克隆市，公司主要在28个国家90多个工厂中生产轮胎、工程橡胶产品和化学产品。如今固特异在全世界的员工达到8万多人。

公司最初开展的是马车轮胎和自行车轮胎的业务。弗兰克·克伯林这个固特异公司首任领导者为了纪念1839年发明“硫化”的查尔斯·固特异先生，将公司取名“固特异轮胎与橡胶公司”，并且为公司选定“飞足”（源自希腊神话神使赫尔莫斯形象）作为公司商标，如图4-6所示，取其优美、迅捷之意。

GOODYEAR

图4-6 固特异商标

作为世界最大的轮胎制造商之一，固特异公司始终不懈地致力于新产品的开发，以适应日新月异的市场需求。固特异在1899年引进了充气轮胎，并早在1903年便获得无内胎轮胎的专利，进而于1909年推出了飞机与卡车用的充气轮胎，四年后又推出了固特异“飞艇”（一种充氦气的飞艇，可用于宣传和军事方面）。1917年固特异首创了长途卡车运输业务，名曰“飞足捷运”，为其轮胎的耐久力作了明证。二次世界大战期间，固特异开始制造人造橡胶，并将其应用于飞机上。1947年固特异推出尼龙帘线轮胎，进而于1962年推出后来成为行业生产标准的聚酯帘线轮胎。20世纪50年代以后，固特异公司的经营转向多元化，着力发展除轮胎外的新产品。从20世纪60年代起，固特异进入生产子午线轮胎的时代，所生产的轮胎种类从轿车、轻型车、卡车到赛车乃至飞机轮胎。固特异专门为诸多国际一流汽车制造商设计生产配套轮胎和相关设备，使用固特异轮胎的国际汽车品牌有劳斯莱斯、奔驰、宝马、奥迪、大众、通用、福特、克莱斯勒以及凌志等。

2007年，固特异全球销售额超过197亿美元，位列《财富》杂志公布的全球企业500强。

早在1994年，固特异作为国外知名轮胎品牌第一个来华投资建厂，迄今已在中国开展业务达12年之久，现已成为中国轮胎生产、销售、研发、以及服务领域的领导品牌。固特异针对国内各大汽车制造商的特殊要求，专门设计原厂配套轮胎，为宝马5系、老款奥迪A6全系、标志307、标致206、长安福特福克斯、长安福特、马自达几家供货，同时还为新款奥迪A6、奥迪A4、速腾、宝来、高尔夫、捷达、帕萨特、桑塔纳、奇瑞东方

【课堂互动】

之子、中华、骏捷、富康、爱丽舍、福特嘉年华、海南马白达福美来、长城哈佛等多款主流车型生产配套轮胎。

2. 普利司通（BRIDGESTONE）

日本普利司通公司是世界最大的轮胎及橡胶产品生产商，也是世界轮胎业三巨头之一。

1931年3月，普利司通在日本福冈县久留米市诞生，公司创始人是石桥正二郎（1889—1976）。石桥正二郎认为，公司的产品出口使用英文名称较为便利，因此把他的姓“石桥”译成英文的STONEBRIDGE，如图4-7所示。但是，由于念起来不顺口，所以他决定颠倒过来，改为BRIDGESTONE，普利司通（BRIDGESTONE）因此得名。所以，我们以前也把该公司生产的轮胎称做“石桥轮胎”。

BRIDGESTONE

图4-7 普利司通商标

目前，普利司通已经发展成为国际性的跨国公司，是世界最大的橡胶制造公司，拥有全世界19.1%的轮胎市场占有率。公司80%的产品是轮胎，还生产工业橡胶及化学产品、体育产品，以及其他多样化的产品。

1988年，普利司通收购了美国第二大的轮胎制造厂家“FIRESTONE”公司。1997年，普利司通开始为F1（Formula one）比赛车队提供轮胎。2002年11月，普利司通开发的零气压轮胎（RFT，在气压为0kPa状态下，以90km/h的速度行驶80km的距离）开始装备到BMW Z4轿车上。普利司通还为法拉利最新型的跑车ENZO开发出专用轮胎，使得该款极品跑车的可控时速达到了350多公里。

普利司通（沈阳）轮胎有限公司成立于1996年，为普利司通全资子公司。2000年9月，第一个普利司通品牌轮胎在天津工厂诞生。至2003年，普利司通在天津、沈阳和无锡拥有三家轮胎工厂，在常州设有一家汽车配件厂。目前，中国生产的普利司通轮胎已经成功地为多种品牌和型号的汽车进行配套。其中包括：广州本田的雅阁、奥德赛、飞渡，天津一汽丰田的威驰，天津一汽夏利的威姿、雅酷，天津一汽华利的特锐，郑州日产的帕拉丁，北京吉普的帕杰罗速跑，长城赛弗等。尽管普利司通在中国成立的时间不是很长，但普利司通轮胎有限公司发展势头依然强劲。

3. 米其林（MICHELIN）

法国米其林公司创建于1889年，创始人米其林兄弟（安德鲁和爱德华）通过持续不断的技术创新，改变了并在不断驱动着现代交通方式的发展——从子午线轮胎的发明到Pax系统的发明，米其林在汽车工业发展的每一个阶段中都扮演了一个重要的角色。

米其林轮胎先生（图4-8）是米其林公司的形象代言人。

图 4-8 米其林商标

作为一家具有百年历史的跨国公司，米其林始终站在技术革新的前沿，创造出更加安全、有效及舒适的驾车体验。米其林总部位于法国克莱蒙-费朗，现在全球拥有 12.9 万名员工，在 19 个国家设立了 71 家工厂，在超过 170 个国家设立了销售与市场机构。米其林分别在美国、欧洲、日本和中国上海设有研究与测试中心，并在巴西和尼日利亚拥有 6 个橡胶种植园。1989 年，米其林来到中国。本着百年的创新精神，米其林将先进科技和高质量产品带到中国，并于 1995 年底在沈阳设立了第一家合资公司。2001 年，米其林又与中国最大的轮胎生产企业之一的上海轮胎橡胶（集团）股份有限公司联合组建了上海米其林回力轮胎股份有限公司，这为米其林在中国的持续发展和不断壮大提供了保障。

几种常用车型配备轮胎情况参见表 4-1。

表 4-1 几种常用车型配备轮胎表

车型	轮胎规格	轮胎生产厂家	备胎规格	轮毂规格
本田 思域	205/55 R16 91V		全尺寸	16×6.5JJ
宝马 525i	225/50 R17 94W	米其林	全尺寸	17×7J
本田 思迪	175/65 R14 82T	普利司通	全尺寸	14×5.5JJ
东风标致 206	185/65 R14	固特异	全尺寸	14×5.5JJ
帕萨特 领驭	205/55 R16 91V	米其林	全尺寸	177J
中华 骏捷	205/55 R16	固特异	全尺寸	17×7J
福特 福克斯	205/55 R16 91V	固特异	全尺寸	17×7J
现代 雅绅特	185/65 R14		全尺寸	
奔驰 E200K	205/60 R16		全尺寸	16.7J
日产 TIIDA 骐达	185/65 R15 88H	邓禄普	全尺寸	5.5JJ×15
奥迪 A4	215/55 R16 91V	米其林	全尺寸	17×7J
本田 雅阁	205/65 R16 94V	米其林	全尺寸	15×6.5J
别克 君越	225/60 R16		全尺寸	
丰田 锐志	215/60 R16	普利司通	全尺寸	16×7J
雷克萨斯 LS430	225/55 R17 97W	邓禄普	全尺寸	17×17/2JJ
克莱斯勒 300C.	225/60 R18 100W	倍耐力	全尺寸	

参考文献

[1] 李明惠．汽车材料［M］．北京：机械工业出版社，2004.

[2] 张彦如．汽车材料［M］．合肥：合肥工业大学出版社，2006.

[3] 唐甜．汽车材料［M］．北京：人民交通出版社，2002.

[4] 王利贤．汽车材料［M］．北京：人民交通出版社，2002.